子どもって、どこまで甘えさせればいいの？

心理カウンセラー
山崎雅保

二見レインボー文庫

生まれたばかりの
赤ちゃんは
フギャー
オギャー
フギャー
食べることも
飲むことも
トイレに行くことも
一人ではできません
だから大人は
迷うことなく
お世話をします
泣いていれば抱っこしたり
うー
うー
オムツを
替えたり
でもそうしているうちに
子どもはどんどん
成長していきます
幼児になり
小学生になり

自分でできることも多くなってくる
そうなると親は迷います
「～してほしい」という子どもの要求にどこまで答えるか
どこまで甘えさせればいいか
専門家の意見も分かれています
子どもには厳しいしつけをして自立させるべきだ
子育てシンポジウム「子どもって、どこまで甘えさせればいいの？」
いや、甘えさせて愛情豊かに育てるべきだ！
えーつまり甘えさせるのもしつけるのも
ほどほどが一番！ってことですね
ピキー！
だ・から・ら～
ああー
どこまでがほどほどの甘えで
どこからが甘えさせすぎなの――!?
抱っこー
こづかいくれー
あれして
これして
子どもの甘えに迷うお母さんへ
本書で解決のヒントを見つけましょう！

文庫版はじめに

たしか、『ホンマでっか!?TV』というバラエティ番組に初めて出たときでした。

「甘えと甘ったれは違いますよ、甘えさせと甘やかしも違いますよ」

「子どもは甘えさせたほうが、本当の意味でいい子に育ちますよ。甘えさせ不足で育てると、心が不安定な子になってしまいますよ」

そんな意味のコメントをしました。

それは、四半世紀近く心理カウンセラーとして親子の関係を中心とする心理問題にかかわってきた私にとっては、ごく当たり前の、疑う余地のない思いでした。

ところが、司会の明石家さんまさんほか出演者のタレントさんたちからは、

「えええ！！！　ホンマに？？？」と疑いの声が返ってきたのです。

私はちょっと驚きました。ちょいと物議をかもして当たり前の発言だったのだと気づいたのは、あとになってからのことでした。

思い返してみれば、こうして文庫本になったこの本がはじめて本屋さんの棚にならんだときにも、それなりにたくさんの疑いの声が私の耳に聞こえてきたものでした。

この本の内容ほぼそのままの単行本の初版が出版されたのは二〇〇六年のこと。あれから一〇年近くが経った今になっても、

「甘えさせと甘やかしはまったく別のこと。たっぷり甘えさせたほうが子どもの心は、深く安定し豊かに育ちますよ」

という心の原理を知らぬままのお母さんたち・お父さんたちは、必ずしも少数派ではないですね。そのおかげで、子育ての日々の無用な苦労や悩みを重ねているお母さんたち・お父さんたちの姿が少なくありません。

子ども三人を育て上げ、今は孫三人の成長を目をほそめて見守っている、同僚カウンセラーの山口成子《なるこ》さんは、深い自信をもって断言します。

「甘えさせは、愛そのものですよ。上手に甘えさせられない親の逃げ道が、甘やかしなんです」

母としての紆余曲折を体験し、そのうえで心理カウンセラーとしての学びを深め続けている人の言葉です。

男性なのだから当然のこと父親しかやってこられなかった私よりも、強い確信に満ちて響くのです。

甘えさせが大事。たくさん甘えさせたほうがよい。この考え方に抵抗を感じる方々が多いのは重々承知しています。

なぜ「甘えさせはよくない」と考えてしまうのか、その理由も分かっているつもりです。

けれどももしも、子育てがつらい、子どもの心の育ち方に心配がある、子育てなんて面倒くさくて投げ出してしまいたくなってしまうことがある、など、子どもとの接し方に迷いや悩みを抱えているあなただとしたら、どうかこの本を読んでみてください。

見方によっては、このところ、日本社会はすさみの傾向を深めているのかもしれません。社会の空気にすさみの色が濃くなっているのだとしたら、なおさらのこと、子どもを甘えさせることは重要です。
子どもだけではありません。大人だって、上手に甘えられる心こそが、社会ににじむ「すさみ色」に染まらずに生きられる土台になるのですから。

山崎　雅保

はじめに

お母さん、子どもを上手に甘えさせていますか？

子どもをどう育てるか。この問いかけには正解がないだけに、世界中でさまざまな子育て論が行き交っています。

とくにこの半世紀ほどのあいだ、「子どもはスパルタ式で厳しく育てるべき。甘えさせるとワガママになる」と断言する子育て論が優勢だった時期もありました。今もまだ、「甘えさせちゃダメ」と信じているお母さんたちは少なくないようです。

私自身も、心理カウンセラーになりたてのころには、「甘えさせれば、甘ったれのワガママっ子になるのでは？」と疑っていました。

しかし、子どもとの関係をめぐるカウンセリングの中で、「親がどのように接すると、子どもがどうよくなるか」という事例を数限りなく見聞きすることができたおかげで、今では確信を持っていえます。

「子どもは甘えさせたほうがいいですよ。小さいときから親にたっぷり甘えさせてもらえた子は、とても素直に元気に育つから。甘えさせるのは子育ての極意ですよ」

さいわい、子育てにおける甘えの大切さについては、やっとのこと、いろいろな方面で認められるようになってきました。

「子どもにとって、甘えられることは大切」

そう信じることができて、豊かな子育てを楽しめるお母さんたちが増えてきたことは、本当によかった、と思います。


けれど、「甘えさせたほうがいい」ことは頭でわかっていながら、「甘えさせちゃダメ」という声も無視できず、どっちつかずで迷っているお母さんもたくさんいます。

その迷いのおもな原因は、次の二つでしょう。

1 甘えさせることは必要とは思うけれど、甘えさせすぎて「甘ったれのワガママっ子」になってしまわないか心配だ。
2 甘えさせるのはいいと思うけれど、甘えさせすぎて「甘やかし」になってはいけないと思う。

この二つに共通しているのは、「甘えさせること」と「甘やかすこと」の境界線はどこにあるんだろう——という迷いです。「甘えさせすぎ」が「甘やかし」になって、子どもに悪い影響を与えるのでは、と心配しているのです。

こうした迷いは、普通のお母さんたちなら、あって当然だと思います。普通のお母さんが育てるわが子は、多くてもせいぜい三人くらい。このあたりの極意に開眼するには、体験事例が少なすぎるからです。

最初に書いたように、私も心理カウンセラーになりたてのころは「甘えさせ」と「甘やかし」の違いもわからず、

「甘えさせすぎると、甘やかしになる。子どもを甘やかせば、甘ったれのワガママになる」

と思っていました。「甘えさせ」と「甘やかし」はじつは正反対のことだ、と気づいたのは、だいぶあとになってからのことです。

そう、「甘えさせ」の程度が過ぎると「甘やかし」になる、のではなく、もともとこの二つは別のもの。

「甘えさせ」が子どもの心にとって最良の栄養になるのに対し、「甘やかし」は子どもの心をむしばむ毒にさえなるものなのです。

え？「甘えさせ」と「甘やかし」は正反対？

この二つは、もともと別のもの？

「甘えさせ」は栄養で、「甘やかし」は毒？

今、あなたの頭に「？」マークがいくつも浮かんではいませんか？　そんなあなたこそ、ぜひ本書を読み進んでみてください。

本書では「甘えさせ」と「甘やかし」は正反対のことだという真実について、具体例をたくさんあげながらわかりやすく解説しています。読むうちに、きっと少しずつ「へえ、そうなんだ！」と納得していただけるはずです。

詳しくは本書の中で記しますが、

「子どもをいくら甘えさせても、甘やかしにはならない」

という一点だけは、今のうちに頭に入れておいていただきたいと思います。

「甘えさせ」と「甘やかし」は違う。

同じ「甘え」という言葉を使った表現でありながら、片や栄養になり、片や毒にもなってしまう。このあたりを理解するのは、少し難しいかもしれません。

でも、この「甘えさせ」と「甘やかし」の違いを理解し、「上手に甘えさせるコツ」を知ることは、子育てでもっとも重要なツボをつかむことでもあるのです。


「上手に甘えさせる子育て」なら、子どもをめぐる厄介ごとや余計な手間とは無縁。もちろんストレスまみれの苦難にもなりません。

「上手に甘えさせる子育て」は、親が楽なだけではありません。子どもの心がとても安定して、豊かに育ちます。知能や身体の能力も存分に発揮できる子に育ちます。

「上手に甘えさせる子育て」は、小学生から始めても遅くはありません。中学生からだって、高校生からだって「上手に甘えさせる子育て」を活用したほうが得です。


甘えさせ上手なお母さんは、とても幸せな子育てを楽しめます。甘え上手な子どもは、お母さんをたくさん喜ばせてくれます。

甘え上手な親子は、とても幸せ上手な親子です。

「親子そろって、もっと幸せになってほしい」

そんな願いをこめて、この本を書きました。

そして本書では、「子どもを甘えさせたいけれど、どうしても上手に甘えさせてやれないお母さん」の心の痛みをどうしたら癒やせるか、についても触れてあります。

幸せな子育ては、必ずお母さんを幸せにします。本書が、お母さんたちの幸せのために少しでも役に立てればさいわいです。

contents

part 1

子どもって、どこまで甘えさせればいいの?

「甘えさせ」と「甘やかし」の違いがわかる30のQ&A

part 2

なぜ、子どもの甘えを受け止められないの？

親の心を不自由にする15の思い込み

part 3

どうすれば、もっとハッピーな子育てができるの？

甘えさせ上手な親になる7つのステップ

マンガ・イラスト——上田惣子
本文デザイン——ヤマシタツトム

part 1

子どもって、どこまで甘えさせればいいの？

「甘えさせ」と「甘やかし」の違いがわかる30のQ&A

「甘えさせ」と「甘やかし」どこが違う?
ねー、お腹すいた お菓子ー
グー
キュルルル
え? もうすぐ ごはんなのに
このオモチャ ほしいー
ロボット
前にも 同じようなの 買ったでしょー
ああ 一日中 子どもって
アレして コレして…
キリが ないじゃない
甘えさせすぎは 甘やかし!
親がビシッと しつけなきゃ
大きくなったら ワガママで 困るわよー
そっか 甘やかし ちゃったら ワガママに なっちゃうわよね

子どもの甘えとたたかう！
ママー 抱っこー
バッ！
もう お姉さんでしょ！
お手伝い したくない〜
ほら、あとで お菓子買って あげるから 我慢してやって！
うわ〜ん
ひえーっ きちんとしつけて いるはずなのに…
もっと 手に負えなく なってるー
お母さん 大変そうだね
あ ヒゲの 山崎先生
略して ヒゲ先生
子どもは 甘えさせたほうが 楽に育てられるよ
え？ でも 甘やかすとワガママ になるんじゃ…
そう思っている人が 多いんだけどね
甘えさせるのと 甘やかすのは 全然違う ことなんだよ
えー！ そうなの？
「甘えさせる」のと 「甘やかす」のは どう違うの？
次からの「30のQ&A」で 一緒に考えていきましょう！

01 子どもが抱っこをせがんできたら……

甘えさせる親

甘やかす親

忙しいとき、手が放せないとき、両手が荷物でいっぱいなとき。そんなときに限って、抱っこをせがんだり、面倒な要求をしたりするのが子どもですね。「あとにして」「うるさいわね」と拒みたくなるのも、仕方がないかもしれません。

「そうよ、甘やかしちゃダメよ！　親には親の仕事や都合があるんだから、子どもには我慢を教えなくちゃ。でなきゃ、自立できない子になってしまうわよ」

そんな意見も少なくないですね。忙しいお母さんたちは「ホントかな？」と迷いながらも、こうした意見をちょうどいい言い訳にしてしまうかもしれません。

でも、それは損です。あとになって、大変な手間がかかる結果になりがちです。

子どもが抱っこを求めてきたら――たとえ少々大きくなった子でも――料理や掃除の手を止めて、両手の荷物を降ろして、「ハイ」と機嫌よく応じましょう。

すると子どもは安心します。満足します。満足すれば、お母さんから離れます。

もしもそのとき拒んだら、子どもはきっとグズります。お母さんが拒んでばかりいたら、激しい駄々をこねるようになります。

うるさい駄々を、たとえばテレビやビデオ、お菓子やジュースでなだめる、抑えこむ。それは典型的な「甘やかし」です。

02 親が忙しいときに、子どもがまとわりついてきたら……

甘えさせる親

甘やかす親

とくに用もないのにアレコレまとわりついてくる。片付けなければいけないことが山ほどあるのに、それをさせたくないみたいに邪魔をする。子どもにそんな様子があったら、「甘え不足で心が餓えてるんだな」と思ったほうがよいでしょう。

悲しいことやつらいことがあったのかもしれません。あるいは、体調が悪いのかもしれません。いずれにしても、丁寧に対応したほうがよい場面です。

まずは「ちょっと待っててね」と声をかけます。そして、今やっていることに区切りをつけて、目も体も心もみんなそろえて子どもに向け、「どうしたの？」と問いながら、体と心をなでてあげてください。

話らしい話はなかったとしてもいいんです。ほんのしばらく「私の時間をこの子に差し出す」気持ちで過ごせば、子どもの心は満たされます。満たされれば、まとわりつかなくなります。

逆に、その場は叱って自分のことに集中。あとになって、子どものむくれ顔やションボリ顔に気づいて、ご機嫌をとろうとするのは「甘やかし」。

そんなことをくり返していると「親（や世間）はフテくされたりスネたりすれば、ご機嫌をとってくれる」と思う「甘ったれ」な子どもになってしまいます。

03 夜、一人で寝かせたいのに「一緒に寝て」といわれたら……

甘えさせる親

甘やかす親

できるだけ早く一人寝させるべき。それが子どもの自立心の土台になる。いつまでも親が添い寝していると、甘ったれの自立できない子どもになってしまう。

きっとあなたの周囲には、このような意見が多いのではないでしょうか。

親の姿が見えない暗い部屋で、たった一人で眠る。子どもにとってはとても不安なことです。いくらか光があっても不安です。その子のタイプにもよりますが、小学校高学年になってもなお不安を感じる場合も少なくありません。

ごほうびなどを約束すれば、必死にがんばって一人で寝ようとするかもしれません。けれどそのような「しつけ」は、心に無理ながんばりグセや無理な我慢グセをつけかねません。無理があればいずれは破綻します。がんばれない、我慢もできない、本当の意味での「甘ったれ」になってしまう危険性が高くなります。

自立とは、安心という土台の上にはぐくまれる、意欲の結果です。

「お母さん・お父さんは、いつでも私・ボクを安心させてくれる。眠りにつくまで見守っていてくれる」

そんな安心感をたっぷり味わった子どもは、いつの間にかすっかり自立して、機嫌よくオヤスミをいって一人で寝るものです。

04 おやつ以外の時間に、お菓子をほしがったら……

甘えさせる親

甘やかす親

小学一年の女の子を連れて、お母さんがカウンセリングにやってきました。

「この子はお菓子しか食べません。まともな食事をしません」

私は「好きにさせて大丈夫」とアドバイスしました。子どもはちゃんと育つ力を持っています。その子の望みにまかせておけば、よい結果になると考えます。

「そんなことをしたら、偏食のワガママっ子になってしまう」とお母さんは抵抗しましたが、でも一年後にはほほえんでいいました。「いつの間にか、ちゃんと食事をする子になりました。私がこだわりすぎていたんですね」。

子どもに限らず、私たちの体のセンサーは、本来なら「今の自分に必要なもの」を知っているのですが、我慢させられすぎるとセンサーが誤作動を起こして、本当に必要なものを食べる気が失せてしまいます。人はお菓子だけでは生きられません。そんなことは、子どもの体がよ～く知っているのです。

お説教する。それから少しだけ許す。そんな対応は不満ばかりを募らせます。あげく、いつだってお菓子ばかりをほしがる「甘ったれ」になってしまいます。

「いいよ」といつも気持ちよく許された子は、お菓子に満足するにつれて、体が本当にほしがる食べ物をもりもり食べるようになります。

05 子どもがケガをしそうな遊びをしていたら……

甘えさせる親

甘やかす親

子どもには、自分の体のすばらしさを知ってほしいですね。ケガして血が出る、痛い。けれどいつしか血は止まり、痛みは消え、傷跡もきれいに治る。

「あなたの体は、自分の力でケガを治してしまうんだね。大したものだね！」

ケガの大半はその程度のもの。だったら、大ケガの危険がない限り、誰かにケガをさせる危険がない限り、事前の注意などは控えて見守ってやれるといいですね。で、予想通りにケガして泣いたら、そのときはしゃがんで寄り添って、「痛かったね。でも大丈夫。ほら、もう血は止まったよ。痛みも消えていくよ」となぐさめ、甘えさせてやりましょう。するとほら、すぐに元気にほほえんで、また次の小ケガに向かって走り出すのが子どもです。

いつも先に注意される。ケガしないように配慮されたり抑制されたりする。そんな毎日を過ごしている子は、自分を信じられなくなります。不満や不充足感も募ります。おかげで、引っ込み思案な臆病すぎる子になるかもしれません。

逆に親のいうことなど無視して暴走し、はた迷惑な混乱ばかりを引き起こす子になるかもしれません。ケガしたり泣いたりを面倒がって抑制するのは、もちろん、愛情のあらわれではありません。

06 テーブルに並んだ食事に文句をいったら……

甘えさせる親

甘やかす親

文句をいわれても、子どもに謝る必要はないかもしれません。

「あら残念。おいしく作ったんだけど。じゃ、食べたいものだけ食べればいいよ」と受け流しておいて、あとはこだわりなく、その子の気分に巻きこまれずに食事をしましょう。そんな対応をしても文句が止まらず、駄々こねして食卓の雰囲気をだいなしにするようなら、癒やし的態度で対応しておくのがコツ。

「どれも食べたくないなら、簡単なものなら今から作ってあげるよ。何がいい？」

もし、即座には応じられないメニューを要求するなら、

「ごめんね。今は無理だよ。今度作ってあげるからね」

と応じます。そのうち「あ、それだったら作れるよ」と応じられる要求に落ち着くのが普通です。どう応じても文句が終わらないようなら、「じゃ、次の食事で好きなものを作るからね」といって、食べないままでも放っておきましょう。

栄養？　こんな場合は忘れておきます。心配無用です。

なだめたりすかしたり叱ったりご機嫌をとったりしながら、とにかく食べさせようとするなら、それは「甘やかし」。アレなら食べる？　コレならどう？　と矢継ぎ早に問うのも「甘やかし」です。

07 寝る時間になっても「まだ寝たくない」と駄々こねされたら……

甘えさせる親

甘やかす親

もう疲れて眠い時間なのに眠りたがらない。グズったあげくに駄々までこねる。それはきっと、今日一日に満足できていないからです。なんだかわからないけれど、心の中の満たされない何かがうずいているのです。

だったら、満たしてやるのが親の知恵。添い寝をしながら本を読んでやる。子守歌を唄う。ゆったりくつろいで他愛のない話をする。それだけで子どもは満足します。お母さんが自分だけのために、心と体の全部で包んでくれている気分。

心が満たされるにつれて、自然に眠気にも誘われます。せいぜい一五分くらいで、「じゃ、寝ようか。オヤスミ」の言葉に「うん」とうなずくでしょう。

大事なのは「できるだけ早く眠らせよう」と思わないこと。たとえ見逃したくないテレビ番組があっても、棚上げしましょう。そのあたりの気分を、子どもはきわめて敏感に察します。早く、と思えば思うほど眠らないのが子どもです。

「いい子で寝るなら○○買ってあげる」などの交換条件と心にうずく不満は放置された一方で、「駄々こねすれば得をする」と思わせてしまいます。その心理は、通常、次第に増長します。あげくは親子の駆け引き合戦。この種の駆け引きこそが、深刻な「甘やかし」の温床です。

08 電車の中で、子どもが騒ぎ出したら……

甘えさせる親

甘やかす親

動き回らずに静かにしているのは、とくに小さな子どもには拷問に等しい苦行です。ごく短時間ならともかく一五分以上となったら、騒がないほうがおかしいと思ったほうがよいでしょう。混んだ電車だったりしたら、文字通りの拷問です。仕方がない、だったら少しくらい騒いでも放っておこうか。子どもはそもそもうるさいものだもの。けれど、周囲の目を考えるとそうもいっていられませんね。

こんな場合の上手な対応は、じつはとても簡単です。

長距離電車なら、連結部分のデッキで子どもを遊ばせてやります。勝手に遊ばせるのではなく、親も一緒に、少し体をほぐす気分で遊びます。普通の電車なら、途中下車。子どもがグズり始めたら、次の駅で降りて、ホームでくつろいで気分転換。たった五分間の途中下車でも、子どもの心は落ち着きます。

そのくらいの時間の余裕は、子ども連れでの行動なら不可欠。時間の余裕がないと、どうしてもなだめすかしの「甘やかし的な対応」をしてしまいがちです。

ファミレスなどでも、走り回る子どもを放置している親の姿がよく見られますね。子どもの退屈な気分に、ちゃんと親が応じていない。面倒だから……の「甘やかし」です。

09 お手伝いを頼んでも「イヤだ」といわれたら……

ねえちょっと手伝って
えー今やりたくなーーい
そうか…手伝ってくれると助かるんだけど…
まあいいか

甘えさせる親

甘やかす親

ねえちょっと手伝って
えーイヤだー
手伝わないならお小遣いあげないよ
えーっ

お手伝い好きの子どもは、働くことを楽しめる人に育ちます。だから、子どもをお手伝い好きに育てるのは、勉強する子に育てるよりもずっと大切なことです。もしも親が家事嫌い・仕事嫌いなら、その子もまず間違いなくお手伝い嫌いになります。あなたは家事が好きですか？　働くのが好きですか？

家事はたしかに大変ですが、楽しめる部分もずいぶんありますね。私自身は、とくに料理や洗濯が好き。好きでなかったら見返りなしにはやらないでしょうし、見返りを目的にやっていたら、料理や洗濯が好きという気持ちが、こんなに大きくはふくらまなかったかもしれません。

親が楽しんでいることなら、子どもは一緒にやりたがります。その楽しみの一部を分けてあげる気分で「手伝ってくれる？」と伝えられるなら、子どもは確実にお手伝い好きになります。

けれど、お手伝い好きの子でも、そのときの気分で嫌だと思うことはありますね。そんなときは無理強いしないこと。「だったらいいよ」と受け流して、次のチャンスを待ちましょう。何がなんでも手伝わせようとして飴とムチ作戦を展開すると、見返りや強制なしには動かない「甘ったれ」人間になってしまいます。

10 子どもの部屋がひどく散らかっていたら……

うわーっ 散らかってる
ごちゃ
ごちゃ
これは ここに しまおうね
うん

甘えさせる親

甘やかす親

うわー なにこれ
ごちゃ
ごちゃ
子どもに まかせてたら いつまでも キレイに ならないわ
片付けちゃお

子どもは、「片付けなさい！」の一言で片付けができるロボットではありません。ロボットなら、買った最初から「片付けプログラム」が組み込まれているかもしれないけれど、子どもの場合は、親が手間ひまかけてゆっくり身につけさせていくのが本来です。そこを誤解して、「片付けなさい！」と命令したのに片付けない子どもは変だ、と思っている親は、とってもたくさんいるようです。

そうか、子どもには片付けプログラムは入っていないんだ。だったら、今さら教えこむのは面倒だ。子どもに期待するのはやめて、さっさと親が片付けてしまおう——というのは「甘やかし」もいいところ。

子どもは、親と一緒に何かをするのが大好き。子どものその性癖を利用するのが、片付けプログラムを身につけさせる上手な方法です。子どもが片付けるのは一〇分の一でもいいんです。大半は親が片付けたのだとしても、「よくできたね」とほめることで、子どもは片付けプログラムを順調に身につけます。

いくらいってもやらないからと、親が勝手に片付けるのは「甘やかし」。子どもをサポートしながら、わずかずつでも片付けの意味と楽しさを伝えるのが「甘えさせ」です。

11 同じようなオモチャがあるのに、新しいものをほしがったら……

ねー コレ買って
うーん まぁいいか
やったー!
コレクションがふえたー

甘えさせる親

甘やかす親

コレ買ってー
えーー前も同じようなの買ったじゃない
わーっ ヤダーッ 買って買って
シツコイなぁ 買ってあげるから勉強もするのよ
もーっ

「甘えさせ」とは、子どもの要求に無条件に応じること。「甘やかし」とは条件交渉・取引のあげくに、結局は譲歩してしまうこと。

小さいときから、ほしいもの、食べたいもの、してほしいことの要求に「ハイ、いいよ」と気持ちよく応じてもらえる中で育った子は、過剰な要求や駄々こねのない折り合いのいい子に育ちます。いつも上手に満たされてきた子は、いつでも適切な、誰もが納得しやすい範囲の欲求しかもちません。我慢が必要な場面では、無理なく我慢できる子にもなります。

逆に望んでもなかなか応じてもらえなかった子は、駄々をこねたり怒ったりすることで要求を通す「折り合いの悪い子」「過剰な要求も目立つ子」になりがちです。そんな状態の子に「我慢しなさい」を連発すれば、「キレまくる子」、または「自分の願いを主張できない抑鬱《よくうつ》の強すぎる子」になってしまいます。

我慢を強いれば我慢できない子になり、我慢を強いられなければ我慢できる子になる。このあたり、おわかりいただけるでしょうか。

どうせ買い与えるなら、取引しないのがコツ。条件交渉なしに気持ちよく買ってもらえた、その気持ちよさこそが、子どもの心を満たす糧だからです。

12 食事のたびに「嫌いなもの」を食べ残したら……

やっぱりコレ食べたくないー
赤いピーマン…
ふーん
じゃ無理しなくていいよ
ホント？

甘えさせる親

甘やかす親

コレキライー
えーっまた残すのーっ？
ザーっ
ほら味付け変えたしデザートもつけるから
もーっ
さっさと食べなさい
さあさあ

夏目漱石は、名作『吾輩は猫である』で書いています。「始めて海鼠《なまこ》を食ひだせる人は其《その》胆力に於《お》いて敬すべく（ナマコを初めて食べた人は、すごい勇気の持ち主だ。食べたらおいしいと思うかもしれないが、最初に口にするにはかなりの勇気がいるものだ）」。ホントそうですね。

生まれたばかりの赤ちゃんは、オッパイかミルクしか飲みません。つい忘れがちですが、赤ちゃんにとってこの世は未知なるもの・奇怪なものの集合です。赤ちゃんが成長しながら、次々に新しい食べ物を食べられるようになるのは、漱石流にいえば「其胆力に於いて敬すべく」。少しばかり大きくなった子どもも同じ。好き嫌い・食べず嫌いは、あって当然であり、なければ変なのです。そんな人間として当たり前の「恐れ」を認めて見守っていると、子どもは次第に食べ物に対して安心します。そのうち、さまざまに挑戦して、幅広く食を楽しめる人に育ちます。

好き嫌いをなくそうというのは、不要な努力。食べたくないなら放っておきましょう。アレコレ気遣いを重ねて食べさせるのは「甘やかし」そのものです。さまざまなものを食べたがる本能的欲求を阻害する結果にしかなりません。

13 約束の時間になっても、ゲームをやめなかったら……

ゲームの時間終わったよ
えええーっ
今いいとこなのにーっ
じゃ今度はお母さんとトランプしない？
トランプ？それもいいかも

甘えさせる親

甘やかす親

時間だよー
やだーー
ゲームおしまい
もっとやりたいいいー
しょうがないわねー じゃ今度はテレビにしなさい
離れて見るのよ！

人間は退屈する生き物です。何もしないでジッとしているのは苦手です。とくに子どもはそう。眠っているとき以外はいつも必ず何かをしています。ぼんやり何にもしていないように見えても、頭の中ではアレコレ考えています。ゲームやテレビは、そんな退屈がり屋に与えられたオシャブリみたいなものですね。エネルギーや栄養にはならないけれど、その場しのぎの退屈しのぎ。手足や感覚や頭を駆使する本当の遊びなら、生きる力をはぐくむけれど、その場しのぎの退屈しのぎばかりで過ごしてしまうと、生きる力は縮みます。

ゲームに執着しない子どもにしたいなら、手足・感覚・頭を駆使する本物の遊びの面白さを伝えるのが最善です。トランプやオセロなどの本来のゲーム遊び。キャッチボールや縄跳びなどの外遊び。粘土や折り紙などの手遊び。親が誘って、手間と時間をかけながら、本当に遊ぶことのよろこびを教えましょう。

そうした「甘えさせ」には、どうしたって手間と時間がかかるのです。手間と時間を面倒がると、ついいっちゃいますね。「いいかげんにして、テレビにしなさい」。本当のよろこびを体験できず、オシャブリばかりを次々に与えられる子どもたち。そんな甘やかされた子どもたちの姿、痛ましいと思いませんか？

14 眠る時間になったのに宿題をやっていなかったら……

あ
宿題忘れてたー！
ガバッ
え？
そっかー じゃどーする？
んーっ
んーっ眠いし でもやらないと 困るし…
んーーっ

甘えさせる親

甘やかす親

ママー 宿題忘れてたー
ヤバ…
またぁ？
もう だらしないなー
お母さんも手伝うから最後までやりなさい
ふぁ〜〜

失敗や落ち度がもたらす結末を、親が余計な介入をしないで体験させる。すると子どもは、「こういうことをすると、こういう思いを味わうんだ」と学びます。その体感が重なることで「やるべきことはやったほうがいいんだ」という気持ちが強まります。自分の責任を自分で引き受けられる人に育つのです。

逆に「ダメだねあなたは。このまま眠るなんて許さないからね。お母さんが手伝うから、ちゃんと最後までがんばりなさい」などと親が介入すると、子どもは自分が犯したミスの結末を体験できなくなります。

大事なのは、子ども自身にすっかりまかせること。親の指示に従ってではなく、本当に自分の気持ちから「眠らないでやる」というのなら、やらせてやります。「手伝って」というなら「ハイ」と（機嫌よく）応じて手伝います。「眠くてダメだ」と降参したら「じゃしょうがない、眠ろうよ。先生に怒られよう」と受け入れます。あくまでも本人の気持ちに応じてサポートするのが「甘えさせ」です。

宿題を忘れて怒られるのはかわいそう。親としても宿題忘れは許せない。親が先導してやり遂げさせる。これは厳しいように見えて、じつは「甘やかし」。宿題を忘れて先生に怒られるという貴重な体験を、親が奪っているのです。

15 朝、起きるべき時間になっても起きなかったら……

シャー
おはよ〜 朝ですよ
ぐ ぐ
時間だよ 起きようね
ホラ ホラ
う〜〜〜ん

甘えさせる親

甘やかす親

ぐ ぐ
ガ ガ
いつまで寝てんのー!!
ほら 起きなさい
ユサ ユサ
また遅刻だよ!!

「甘えさせ」とは、子どもに「快」を感じさせる接し方です。「甘やかし」は「快の仮面をかぶった不快」を味あわせる接し方です。

自分自身が子どもである気分で、イメージしてみてください。あなたは布団の中にいます。そこへお母さんがやってきました。

イメージⅠ。お母さんはカーテンをゆっくり開けて、朝の光を部屋に入れました。それからあなたのそばに来て、体を抱きかかえるようにして穏やかにいいます。「そろそろ起きる時間だよ」。なんだか甘い気分ですね。快くてほわんとして、そっか起きようかと伸びをしたくなります。気持ちのいい朝の始まりです。

イメージⅡ。「起きなさい！」。お母さんの声。あなたは布団にもぐりこみます。また声。少しきつくなりました。あなたは「うるさいなあ」と思います。またも や声。今度はかなりきつい。「なんで朝から、こんな不快な声を聞かなきゃならないんだ」と起きる気力も失せます。ついに足音が近づいてきて、不機嫌母さんが体をゆさぶります。「遅刻したって知らないからね！」。

遅刻したくないし、起こしてもらうのはありがたいとしても、なんとも不愉快な朝の始まりです。

16 子どもが登校した後で、忘れ物に気づいたら……

お母さん 忘れものしちゃった
どーしても必要だから持って来てー
あら そう
ハイ
ありがとう❤

甘えさせる親

甘やかす親

あー
また忘れてる
もーっ
いいかげんにして 今度だけよ! 次は届けないからね!
あ… ありがと

忘れ物をして本当に困る場合って、どれほどあるでしょうか。案外なんとかなるもの。だから、原則としては、忘れ物を届ける必要はないだろうと思います。

忘れ物を発見したら、何がなんでも届ける。だって忘れ物が続くと、親の管理能力が疑われるもの。忘れ物のたびに、届けて、あとでさんざん注意してるのに、まったくしょうがない子、いつまでこんな面倒をかけるんだろう……これは典型的な「甘やかし」です。

でも、とても困る忘れ物で、本人から連絡があったら、そのときはお説教なしで機嫌よく「ハイ」と応じるのがコツ。困ったときにはお母さんが助けてくれるという安心感が、忘れ物をしないようになる心のゆとりの土台になります。「今日、忘れ物して困っちゃった」と帰宅後にいうなら、「あら、それは大変だったね」といたわるだけでお説教しない。それも心のゆとりの土台になります。

大雨が降ってきたのに、子どもが傘を忘れていった――こんなとき、あなたならどうしますか？　できるなら、子どもが学校から帰る時間に迎えに行けるといいですね。傘をさして待ってくれていたお母さんの姿、子どもは生涯忘れないだろうなあ。

17 子どもの作った提出作品が、どう見ても不デキだったら……

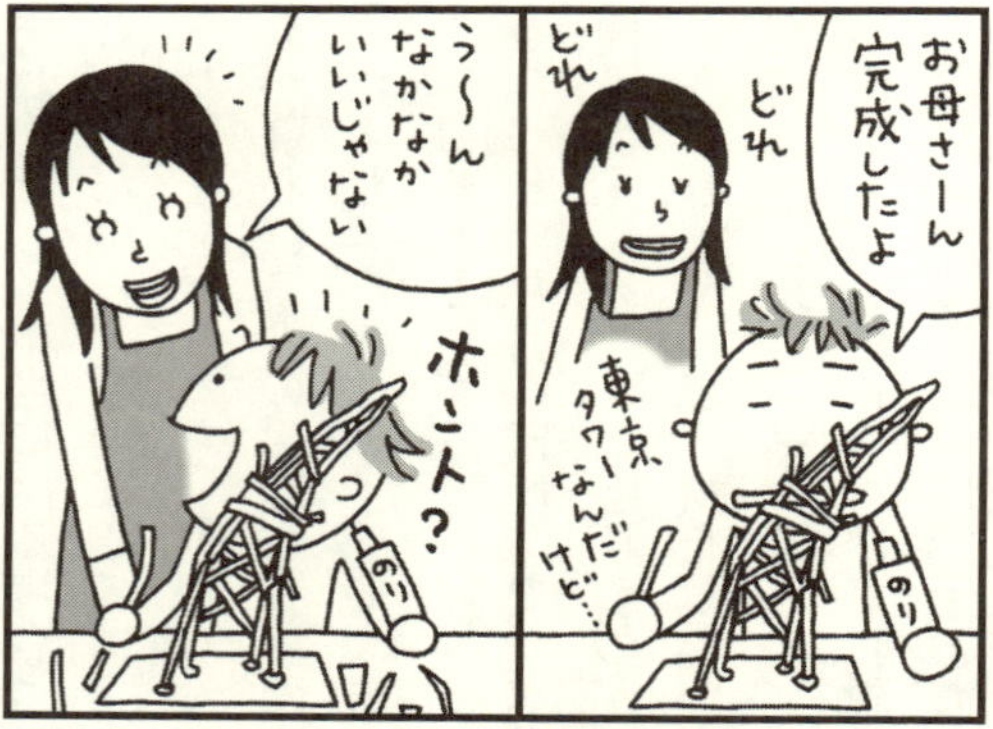
お母さーん 完成したよ
どれ
どれ
東京タワーなんだけど…
のり
う～ん なかなか いいじゃない
ホント？
のり

甘えさせる親

甘やかす親

お母さん できたー
うわっ なに この絵!!
お母さんに 借してごらん
デッサンが…
曲線が…

親の目から見たら明らかにデキが悪くても、まずはしっかりほめることです。

私たち大人は、子ども時代の自分のつたなさを忘れがち。自分はもっと上手だったと、なんの根拠もなしに思いこみがちです。そのあげくに「この子の作品はデキが悪い」「この子は手を抜いている」と考えてしまいます。

でも、本当にそうでしょうか？「一所懸命やったけれど、大人の目から見ればデキが悪い」のは、子どものころの私たちも同じだったのではないでしょうか。上手だよ。大したものだ。みんなに自慢したいくらいだよ。うんとほめて、そのうえで子ども自身が「でも、ここがうまくできてないんだ」などというなら、「そうか」と応じて、本人主体の改善作業を手伝いましょう。

大事なのは、かなり大幅に手伝ったとしても、「あなた自身の力で仕上げたね」とほめること。そうすれば、子どもは自信をふくらませ、次の作品にはもっと意欲的に取り組みます。こうした「甘えさせ」は意欲をはぐくむのです。

そんな手間かけは面倒だと、親が主体になってアソコもココもと直したら、それはやっぱり「甘やかし」。いくらデキのよい作品に仕上がったとしても、子どもの自信と自尊心は縮んでしまいます。親だけが浅はかな満足感にひたります。

18 やるべきことがあるのに、なかなか集中できなかったら……

甘えさせる親

甘やかす親

集中力は、達成感を積み重ねる中で高まります。つまり、どんなに小さなことでもいいから「やり遂げられたうれしさ・満足感」を重ねるほどに、何事にも意欲的に取り組む集中力が培われるのです。

多くの人が、「がんばりなさい」「集中しなさい」と叱咤すれば集中できる根性が身につく、と誤解しています。たしかに一時的には集中させる効果がありますが、長期的に見れば、何事に取り組むのもイヤイヤになってしまう「やる気のない子」状態に追いこんでしまう結果になりがちです。

たくさんやり遂げれば集中力がつくかといえば、これも逆。取り組んでいるときのイヤイヤ感のほうが心に残り、やる気のなさの温床を作ってしまいます。

大事なのはハードルを下げること。低いハードルでいいから、少ない量でいいから、クリアーするたびに盛大にほめましょう。やった、やった、えらいなあ。ほめられた子は次にも取り組みたくなります。自然に集中するようになります。

たくさんの高いハードルを強いられた子どもの心には、イヤイヤ感ばかり募ります。おかげで、なだめたりすかしたり叱ったり脅したり、交換条件で取引したり、「甘やかし」のオンパレード。あげく、親子ともども大ギレしておしまいです。

19 お小遣いをオモチャに使い切ってしまい、追加をほしがったら……

今月のおこづかい これ買ったら なくなっちゃった
ゲーム ソフト
ふーん なるほど
好きなものが 買えてよかった じゃない
わーい ありがとー 助かるー
1000円

甘えさせる親

甘やかす親

ママー おこづかい 足りなくなっちゃった
もーーーっ くだらない ものばっかり 買うからよ
ヤレ ヤレ
少しは 役に立つものに 使いなさいよ

子どもへのお小遣いは、原則として制限をゆるくしたほうが、よい結果につながります。カウンセリングを通じて親子関係を見続けてきた私の実感です。

お小遣いとは、子どもの自由裁量を保証したうえで手渡すお金のこと。お小遣いとして渡されながら「アレには使っちゃダメ、コレに使いなさい」と制限されたら、子どもの心には不満がたまります。不満はキレを生むエネルギー。制限や制約の強い家庭で育つ子ほど、将来、大ギレの危険が待ち構えています。

自由に使っていいのがお小遣い。だったら、親の目にはつまらないものに見えても、「ほしいものに使えてよかったね」といってやりましょう。

「もうちょっとお小遣いちょうだい」と追加を要求するなら、小額でいいから、機嫌よく手渡してやりましょう。そんなことをしたら無駄使いをする子になる？ ここでは説明しきれないけれど、その心配は無用です。むしろ逆です。

「お小遣いは、お金の大切さと正しい使い方を学ぶためのもの」として、細かく配慮・指導し、無駄使いを許さず、追加を求められたらお説教してから必要最低限だけ手渡す。そんな親の子は、自分で自分を律することができない「甘ったれ人間」に育ちます。

20 子どもの口から、友達への悪口が出てきたら……

○○がさー ひどいんだよ こんなこと してきて…
ふーん
イヤ だったん だねー
そーなんだよ それでさー でもさー

甘えさせる親

甘やかす親

今日××ちゃんに 悪口言われたー
ええーっ
なんなの その子!
もう そんな子と 遊ぶの やめなさい!
いいわね
う…ん

子どもは、たとえどんなに仲良し同士でも葛藤します。対立するときもあれば争うときもあります。葛藤があれば、悪口をいいたい気分や嫌悪の気持ちもうずきます。そんな気持ちを口に出さずにいられないのは、大人も子どもも同じです。

親として、わが子が誰かの悪口をいっているのは、あまり気持ちのいいものではありませんね。けれど、自分の中でうずくウサやストレスを聞いてもらいたい気持ちは、適切な甘え心からくるものです。「聞いてもらえると、ボク（ワタシ）の心が楽になるんだよ」と訴えているのです。

だから、そのままを聞いてやりましょう。否定したり、お説教したりしないで、「へえ、そうなんだ」「そういうのは、たしかにイヤな感じがするだろうね」と応じながら、聞き続けてやりましょう。

そうしていると子どもの心は和らぎます。和らげば、悪口をいいたい気分もうすれて、きっと「でも仲良しなんだよ」と親しみを口にするようにもなります。

避けたほうがいいのは、同調です。子どもがいうがままに「あら、あの子って本当にイヤな子ね」「もう、そんな子と仲良くするのやめなさい」といった調子で同調するのは「甘やかし」。子どもから自省の力を奪ってしまいます。

21 友達に「NO」といえなくて悩んでいたら……

甘えさせる親

今日○○ちゃんにイヤなこと言われた
でもやめてって言えなかったの
そうか言えなかったのはつらかったね
そーかなあ
でもいつかちゃんと言えるようになるよ

甘やかす親

今日○○ちゃんにこんなこと言われたー
え？それでなんにも言えなかったの？
ちゃんとイヤならイヤって言わなきゃ
Noを言う!
……

イヤなことにしっかり「ＮＯ」がいえる子は安心です。自分を見失うことなく成長してくれるだろうなと思えます。逆に、はっきり「ＮＯ」がいえない子どもにはイラ立つかもしれません。しっかりしなさい、と叱咤したくなるでしょう。

でも気弱な子は、いくら叱咤されたところで、毅然とした自己主張ができません。むしろ、叱咤されたのに「ＮＯ」をいえない自分に落胆して、ますます気弱になってしまう可能性が大です。

自己主張を支えるのは自信です。自信の土台になるのは、全面的に受け入れ許されている安心感です。したがって「この子はＮＯをいえない気弱なところがあるけれど、今はその気弱さも含めて丸々包みこんでやろう」という気持ちで接することが大事。そんなやわらかな接し方をしてくれる親の心に包まれた子は、いつか必ず奥行きの深い自信をふくらませます。そうすれば、誰に叱咤されなくても、ちゃんと自己主張をして生きられる強さも発揮するようになります。

ちゃんとＮＯがいえるように練習させるのも、無駄ではないでしょう。練習を足がかりに突破口を開く場合もあります。けれど「この子は放っておいたらダメだから」と指導しすぎるのは「甘やかし」。指導しすぎは自信をつぶします。

22 学校などで仲間外れになって、ションボリしていたら……

遊ぼうっていっても入れてくれないの
あらそう…
大丈夫！お母さんいつでも味方だからね
お母さんにもそんなことあったよ

甘えさせる親

甘やかす親

あんたとは遊ばないって
なんですって!!
この子と遊んでくれるように指導して下さい！
ハ…ハイ
学校の先生↓

♪一ねんせいになったら　ともだち　ひゃくにん　できるかな～♪

あの歌を耳にするたび、私は声には出さぬまま反論します。無理いわないでよ。友達百人なんて作れやしないよ。友達は少なくたっていいじゃないの。友達百人幻想は、子どもたちを苦しめるプレッシャーにしかならないんだよ。

そう思いませんか？　友達は少ない。けれど一人で何かに集中する力がある。それもすばらしい能力です。友達がたくさんいて、集団の中にあってこそ力を発揮する。それもすばらしい能力です。どちらが上ということはありません。

とくに子どものころは集団に適応することが評価され、親も教師も、集団になじまない子を問題視しがちです。それは罪深い偏見だぞ、と私は思っています。

友達が少ない子。仲間外れにされてションボリしている子。そんな子は家庭・家族の温もりの中で温めてやりましょう。ここは安心、無理しないでいられる。そんな場を確保している子は、たとえそのときに友達がいなくても、けっしてつぶれません。家庭を心の基地にして、必ず自分の世界を拡げていきます。

友達作りにまで親がしゃしゃり出るのは、いうまでもなく「甘やかし」。いつでも親の力を頼りにしようとする甘ったれ人間を育てる元凶は、親のお節介です。

23 子どもがちゃんとあいさつできなかったら……

あ
あらあ
こんにちは ごぶさたしてます～
お元気でした？
……こん……

甘えさせる親

甘やかす親

あ
おや
まあ～先生 どうも～～～
ほら！ こんにちはでしょ！
ったく!!

しつけや指導の裏には、意外にも親の見栄が隠れていたりしますね。ちゃんとあいさつできないようじゃ、親として恥ずかしい。

その気持ちはわからないではないけれど、それぱっかりで子どもにアレコレうるさくするのは大損。親の見栄から行なうしつけや指導は、将来、何らかの形で表面化する難題の種になりかねません。

子どもは親の姿・所作を見て育ちます。気づいたら親がやる通りにやっているのが子どもです。

だったら話は簡単。親であるあなたが、機嫌よく楽しそうにあいさつを交わす姿を見せればいいだけです。「あいさつしなさい」と命じる必要はないし、「あいさつもできなくてダメね」と叱る必要など皆無もいいところです。

ゴメンナサイやアリガトウも、欠かすことのできない重要なあいさつ。自分の落ち度に素直にゴメンナサイできる人の子どもは、やっぱりゴメンナサイができるようになります。アリガトウも同じです。

甘やかす親は妙なことに、自分ではゴメンナサイやアリガトウがいえないくせに、子どもには無理やり頭を押さえて下げさせてでも、いわせようとします。

24 弟や妹に意地悪や乱暴なことをしていたら……

もー
ペシッ
わーん
あら えらい じゃない
ちゃんと 手加減して るね

甘えさせる親

甘やかす親

もー
ペシッ
何やってんの！
あんたは お姉ちゃん なんだから…
だいたい あんたも…

第一子は割を食う。第一子である人なら「そうそう！」とうなずくはずです。親は子どもを公平には見ません。お兄ちゃん・お姉ちゃんなんだから我慢しなさい。弟・妹にやさしくしなさい。上に対してよりも下に対して、より強く保護的になります。きょうだいゲンカの悪者はたいてい上。本当はしたたかな弟・妹が、親の背中から顔のぞかせて舌出して勝ち誇っていたりします。

上の子は、下の連中のおかげで悔しい思いを重ねがち。なおさら下の連中にウサ晴らしをせずにいられなくなります。したがって、兄弟姉妹ゲンカは仲裁しないのが得。仲裁すれば、上に我慢ばかりを強いる結果になり、結果として甘やかされる下の子は、こざかしく立ち回る悪知恵を発達させかねません。

弟・妹をいじめる傾向が見える兄・姉は「甘え不足のウサ晴らしをしているんだな」と理解して甘えさせてやる。そうすればウサ晴らしは軽減します。

たとえば、「ケンカはよくないよ。けれど、さすがにお兄ちゃん・お姉ちゃんだね。やっつけるにしても手加減してるじゃない。わかってるよ。感心してるよ」。

実情は違っていても、そんな言葉でいたわり甘えさせてやると、その通り、子どもはちゃんと配慮できるやさしさをふくらませます。

25 子どもがウソをついたのがわかってしまったら……

あれウソだったの？
……
本当のこと言えなかったのつらかったね
ママ……
うる
うる

甘えさせる親

甘やかす親

こらー
またウソついてー!!
ギクッ
どーしていつもそうなの？
ウソは絶対いけないの！
食べる前に反省しなさい！
グー
キュルルルルル

子どもに善悪の感覚を教えこまねばと考えるなら、ことあるごとに叱咤したり意見したりしなければなりません。この種の、微に入り細をうがつような指導は、過保護・過干渉のあらわれである場合が少なくありません。すでにお気づきかと思いますが、過保護・過干渉は「甘やかし」の別称です。

ウソをつくのは叱られることを怖れての、仕方なしの反応です。だったら怖れを和らげてやるのが何より大切。

「大丈夫、本当のことをいっても叱らないから。本当のことをいえないのは、あなたの心がつらいでしょ」という気持ちで、問いつめることなくゆっくり、子どもの心をなでさすりながら、子どもが吐露できるまで待ってやりたいものです。

このやり方には長い時間がかかりがちです。子どものために長時間待つのは、深い愛情のあらわれ。昨今の親たちに最も不足している愛情のあらわし方です。

ウソだったと吐露したら、もう責めたり叱責する必要はありません。そこまでのプロセスで、子どもの心は十二分に痛んでいます。ウソのつらさを学んでいます。追及されれば、子どもの心は怖れでこわばります。本当のことをいいたくても怖くて口が動きません。あげくに叱られたら、子どもは心を閉じてしまいます。

26 友達のオモチャを壊してしまったら……

今日○○君のおもちゃこわしちゃった
えっそうなの?
代わりのおもちゃを買ってあやまろう
お母さんも一緒に行くから
う…ん

甘えさせる親

甘やかす親

今日○○ちゃんのおもちゃこわしちゃった…
え!?
何でそんなバカなことしたの!?
いいわ! ママがあやまってくるから
もう二度としないのよ!

ミスや行きすぎをしっかり謝れる。これはとても大切なこと。子どもに身につけてほしい、人としてのたしなみですが、なかなか身につくものではありません。ゴメンナサイと言い訳なしで頭を下げられる人は、年齢に関わらず少数派です。

親はずいぶんミスをします。失敗や迷惑は、年月を重ねるほどに数え切れなくなります。でも子どもは、親の失敗やミスや迷惑を、何もいわなくても許し続けてくれます。親が本気でゴメンナサイすれば、なんのこだわりもなくきれいさっぱり許すのが子ども。それほどに、子どもの愛は深いものです。

一緒にゴメンナサイをいいに行くのは、ちょうどいい「甘えさせ」の場面。親がちゃんと謝る姿を見れば、子どももちゃんと謝れる人になります。「一緒に謝れてえらかったね。アリガトウ」といえば、子どもの心にも親へのアリガトウがふくらみます。「甘えさせ」は、心地いい気分を行き来させる呼び水です。

「もうお友達のオモチャなんかで遊ばないのよ！　お母さん、謝ってきてあげたからね。感謝しなさいよ」。そういわれた子どもの心中は「そうか。親の機嫌は悪いけど、謝りに行かないですんだからラッキー！　反省？　なんでそんなことしなくちゃいけないの？」です。

27 「今日は学校休みたい、行きたくない」といい出したら……

甘えさせる親

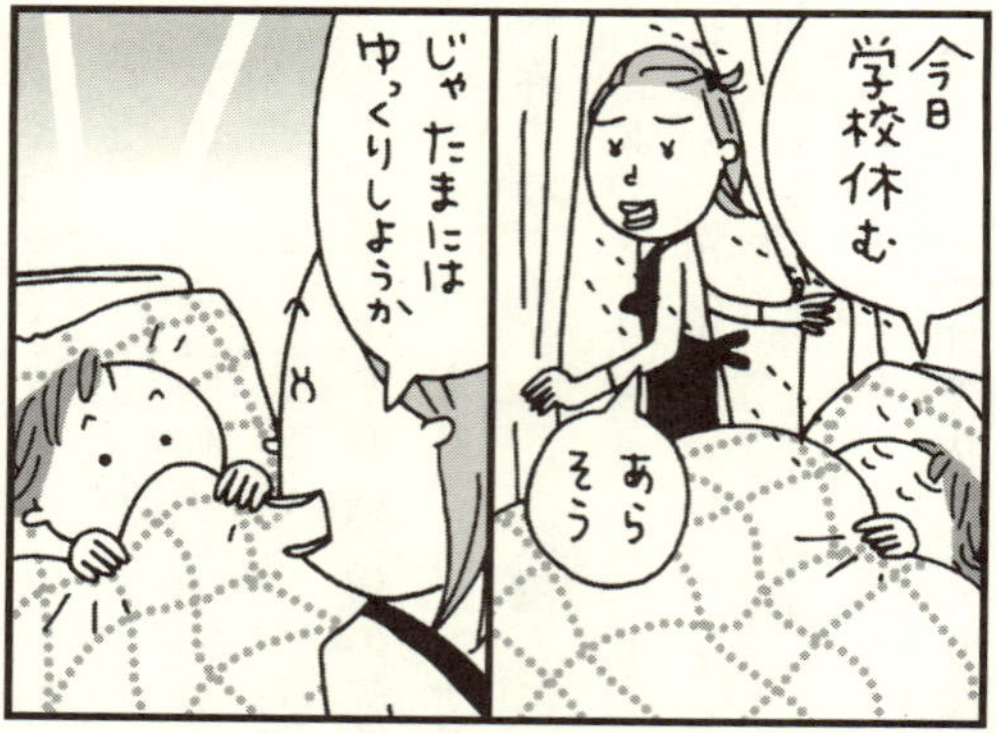
今日学校休む
あらそう
じゃたまにはゆっくりしようか

甘やかす親

今日学校行きたくない
何言ってるの病気でもないのに!
ママ送ってあげるから行くのよ!
がんばって学校行けたら何か好きなもの買ってあげるから
ホラ ホラ
……

病気でもないのに学校を休みたがる。それを許したら不登校になって、いずれは引きこもりにだってなりかねない。たいていの親はそう心配しますが、まったくの誤解。理解されにくいですが、休みたがるなら休ませてやったほうが、不登校になる可能性は少なくなります。将来の引きこもりの危険もなくなります。

がんばらせる。それは無理をさせることです。がんばりや無理を積み重ねれば破綻する。それが人間の心というもの。子どもの心はなおさらです。

がんばりも無理もときどきならいいけれど、がんばり続けるのがえらいと思われがちな世の中ですね。心が壊れてしまう人が増え続けるのも無理ありません。

心身が健康な子であれば、休んで過ごすと退屈します。その退屈感が大事です。退屈は意欲の苗床。退屈してこそ、心身を駆使して遊ぶことの楽しさ、頭脳を駆使して学ぶことのおもしろさに気づくのです。そうなればしめたもの。その子にとって学校は、楽しみ満載のアミューズメントパークになるでしょう。

なだめすかししてとにかく登校させると、子どもの心にはイヤイヤ感が降り積もります。親は子どものためにと必死だけれど、子どもの意欲はつぶれます。このように、本当は子どものためにならない手助けを「甘やかし」といいます。

28 せっかく続けてきた習い事を「やめたい」といい出したら……

お母さん もうピアノ やめたい
そう…
じゃしばらく お休みしてから 考えようか
う…ん

甘えさせる親

甘やかす親

ママもう スイミング 行きたくないー
どうして？ せっかく 続けてた のに
会費も払ってるし 今やめちゃうと もったいないよ
決めた事は 最後まで やりなさい！

どんな種類の習い事であれ、子どもにはいい体験でありいい学びです。楽器、ダンスやバレエ、絵や習字。情操教育などと身構えずに、生きていく中の楽しみの一つとして学ばせてやれるとしたら、本当に素敵です。

けれど「一度習い始めたことは最後までやり遂げなければ」といった切迫した思いで続けさせようとすると、まず間違いなく挫折します。ゆるい気持ちで「やれるだけ、やりたいようにやればいいんだよ」と見守りサポートしていたほうが長続きするし、そのことを存分に楽しみ人生の宝にできる人に育ちます。

何に取り組むにしても、すごく意欲的に取り組むときと、やる気を失って停滞するときが必ずあります。そんな波の中で「やめたい」とつぶやいたのなら、様子を見るつもりで待つのがいいですね。「じゃ、とりあえずお休みしようか」。

三ヵ月ほど何もいわずに見守りましょう。すると、多くの場合に意欲が戻って「やっぱり続ける」といい出します。

もしも「やめたい」の一言にあわて、やめさせまいと説得して続けさせてしまうと、子どもの意欲の波は戻りにくくなります。イヤイヤ心だけがふくらみ続け、本心では続けたかったかもしれないのに、やめてしまう結果になりがちです。

29 苦手を克服する努力をしていなかったら……

算数 ニガテー
ふーん
でも漢字の書き取りは得意でしょ?
うんそう! 漢字好き!

甘えさせる親

甘やかす親

算数 ニガテー
ブツブツ
今からそんなこと言っててどうするの!
算数
やればできるんだからしっかりやりなさい!
どさっ
ひぇ〜〜

子どもの能力を伸ばす最善の方法は「できたこと・できていることをほめ続けること」と、私は信じて疑いません。極端なことをいえば、苦手なんか気にしないでいいのです。

得意が伸びれば、苦手の領域だっていつの間にか自然にクリアーしてしまうはず、と私は信じているのですが、これには多くの異論反論があることも承知しています。まして受験勉強となれば、苦手つぶしこそが肝要なのでしょう。

自分の得意の領域で自信を持ち、もっと力を伸ばしたいと願う子なら、必ず行き詰まる場面があります。得意を伸ばすには苦手を放置していてはダメなんだと気づかされます。そうなれるように、得意をエネルギー源にして前進できるようにほめ続けるのが、上手な「甘えさせ」ですね。苦手を克服する必要性に、自分で気づけるように導くのです。

やればできる式の後押しも、もちろん効果はあります。けれどこれは、いったん後押しし始めたとなったら、いつまでもどこまでも後押しし続けねばならぬ結果になりかねません。後押しに甘ったれると、本当の意欲を持てない子どもになってしまうからです。

30 子どもが迷いや悩みを相談してきたら……

お母さん相談があるんだけど…
うん?
あれがこーで○○ちゃんがこれしてそれでね…
うん うん

甘えさせる親

甘やかす親

お母さん相談したいことが…
なに?また何かやったの?
だいたいあんたはね…
こういうときはね…
言うんじゃなかった…

心理カウンセリング修行の初期に学ぶのは「傾聴」。心を傾けて、アドバイスや指導を控えて、相手の言葉を聞き続けることです。聞き続けてもらえるだけで悩みは軽くなり、迷いは整理されてきます。アドバイスなんかされなくても、自分の心の中からよい解決策が浮かび上がってきます。心は不思議ですね。

「だったらこうすりゃいいのに」「そんなことしたらダメなの当たり前じゃない」と思いながら、それを口にしないで聞き続けるのは楽ではありません。相手がわが子であればなおのこと、つい「バカだね。そんなときにはね」と指摘したくもなります。

自分の中にうずくいいたい気持ちを抑えて、子どもの思いを聞き続ける。これはとても大事な「甘えさせ」です。心して愛を深めなければできない作業です。そこにアドバイスや意見がはさまると、子どもは本当の本心を表現できなくなってしまいます。話し続けてはじめて心の底から浮かび上がってくる本音なのに、口に出せなくなってしまいます。

あげくに「なんで早くいわなかったの！」などと叱咤されたら、心はギュッと縮みます。解決策を提示されなければ動けない、甘ったれになってしまいます。

case study

1

何度いっても前日に支度ができないカズくんのケース

小学二年生のカズくんのお母さんが、私のカウンセリングルームにやって来ました。

カズくんは、いくらいっても自分から学校の支度をしません。だからお母さんは毎朝イライラ。怒ってばかりの、親子ともども不快な朝がくり返されているといいます。

お母さんは毎晩「明日の支度をしなさい」と声をかけています。それなのに、朝になってチェックしてみると、支度はまったくできていません。

「昨日、夜のうちに支度しなさいっていったでしょ！」

「ウソつき！　やってないじゃないの!!」

「やったもん！」

お決まりのそんなやりとりをしているうちに時間がなくなってしまい、お母さんがブツブツ文句をいいながら支度を整えるという成り行き。毎朝こんな不快な気分で一日が始まってしまう、それがつらくてならない、とお母さんはいいます。

私は、カズくんのお母さんにいいました。

「自分でやりなさい、早くしなさいと指示・命令するだけでは、子どもというのはなかなか動きませんよ。

お母さんも忙しいとは思いますが、ここはまず、夜の支度にお母さんがつき合ってあげるとよいですよ。一週間だけでもいいから試してみませんか？

大事なのは、お母さんはカズくんが支度するのを見守るだけにして、手を出さないことです。お母さんが一緒に過ごしてくれるだけでも、カズくんはきっと支度の時間を楽しめるようになるし、そのうちに、いわれなくても支度する習慣がついてくるはずですよ」

どんな子どもでも「やるべきこと」を強いられるよりも「楽しいこと」のほうが好きなんです。それは大人だって同じですね。「べきこと」を強いられれば逃げたくなるのは自然です。

でも、ほんの少しの時間だけでもいいから、親が子どもに寄り添えば「やるべきこと」も「楽しいこと」に変わります。

なんでも自分から進んでやる子になってほしいと願うのだったら、このやり方のほうが、長い目でみて間違いなく有効です。「ひと手間」を惜しまずに子どもを心地よく導くのが、子育てのコツでもあるのです。

指示・命令・強制ばかりで子どもを動かそうとすると、子どもは「いやいや」のかたまりになってしまいがちなのです。

親と一緒に何かを楽しむ時間を、たっぷりたくさん作ってあげる。これも大事な愛情ですね。

part

2

なぜ、子どもの甘えを受け止められないの？

親の心を不自由にする15の思い込み

どうして上手に「甘えさせ」られないの？
さて、ここまでで「甘えさせ」と「甘やかし」の違いが少しわかったかな？
はあ…
正直いうと…
かなり納得できない部分が…
というかわからない部分が…
例えば…私が子どものころ食事に文句をつけたら親にすごく怒られたし
先生からも、できないことがあったら特訓してでも上手になるように言われました
でも「30のQ&A」を読むと
子どものことを厳しく叱ったりしつけたりする必要がないといわれている気がして…
ヒゲ先生本当にそれでいいんですか!?
こんなんで子どもはワガママにならないんですか
わっ

そうですか…
まあ、その反応はごく自然なものだよね
誰でもみんな自分を育ててくれた人
親や先生や身近な大人
そういう人たちの言葉を信じて生きてきたんだから
でもね気をつけなきゃいけないのが
他人の言葉をそのまま受け入れてきたことで
自分の中に「思い込み」が作られることも多いってこと
思い込み？
そう…例えばね
自分のことは自分でやる
どんな友達とも仲良くする
あいさつをする
約束を守る
ウソをつかない
モノを粗末にしない
こういうこと
え？これって「しつけの常識」じゃなくて…
「思い込み」なんですか？
コクコク
親である私たちの中にある「思い込み」にはどんなものがあるの？
その「思い込み」のせいで何が変わるの？
次ページから詳しく紹介するよ！

自分のことは自分でできなければならない

子どもはしっかりしつけないと、親に甘えて、自分では何一つやりこなせない甘ったれになってしまう。最低でも、自分のことは自分でできるように育てなくちゃ。

たしかにそうです。自分のことを自分でできる。それは自立の土台なのだから、ここをしっかり押さえることこそが子育て最大のポイントですね。

けれど、「自分のことは自分でやる」を基本方針として、小さいときから厳しくしつけたからといって、自分のことを自分でできる子に育つわけではありません。

むしろ、早い時期から「自分のことを自分で！」としつけられた子は、「自分のことすら自分でできない子」か「叱ればやるけれど面倒くさがりの不機嫌な子」になってしまいがちです。

大事なのは、自分のことを喜んで自分でやる子に育てることです。

そのためには「ほめる」を上手に駆使するのがコツ。どんなことでも、たとえできて当たり前のことでも、ほめることです。すると自分のことだけでなく、ほかの誰かのことでも喜んで機嫌よくやってくれる子に育ちます。

子育てをしていると何度も気づくことですが、子どもはそのときどきに応じた「自立の芽」を生やします。

たとえば幼児期では、トイレを終えると自分だけでパンツをはきたがるときがあります。それまでは着せ替え人形のように素直だったのに、服の脱ぎ着やボタンかけを自分の手でしたがるときがあります。

それこそが自立の芽。それらの芽を上手にふくらませれば、機嫌よく自分のことをする子に育ちます。

自立の芽をふくらませようと願うなら、叱っちゃいけません。厳しい叱責や命令は芽を萎《な》えさせてしまうだけ。自立の芽は、ほめればほめるほどふくらみます。

子どもの自立の芽は、お母さんの都合と無関係にあらわれます。忙しいときに限って「自分でやる」といい張るかもしれません。

そんなときに、待っていられなくて「もう！　お母さんにまかせなさい！」と叱ってしまえば自立の芽は萎えます。

それでいながら、「自分のことくらい自分でしなさい！」といい続けたとしたら、子どもは「不機嫌で強情な甘ったれ」になってしまいます。

待つ。ほめる。それは、そのときどきの子どもの心を思ってこそできることです。「自分でやりたいならやってごらん」と待ち、まがりなりにでもできたらほめる。これは意味深く上手な「甘えさせ」であり、親の豊かな愛を伝える方法でもあります。

どんな友達とも仲よくしなければならない

好き嫌いがあるのは、いけないことでしょうか?

たしかに「好き」が多いほうが生きやすいでしょう。「嫌い」が多ければ、自ら世間を狭めることになってしまいます。だから「嫌い」を少なくするように、「好き」を多くするように導くのがよい親なのだ、という意見も多いことでしょう。

けれど、何もかも好きになるなんて無理なこと。どんな食べ物でも好き。どんな人でも好き。そんなのは、大人にだって無理なのが普通です。

子どもならなおのこと、好き嫌いがあっていいんです。

嫌いな子・気の合わない子とまで仲よくしなければと指導される子は、相手に合わせて無理をしてしまいます。

無理とは、つまりストレス。ストレスはほかの子へのイジメとして表面化するかもしれません。友達と遊ぶことや集団で過ごすことに適応できない原因になるかもしれません。


友達との関係作りが上手な子になってほしいなら、親が、その子なりの好き嫌いをそのまま受け入れてあげるのがコツです。

「あの子は嫌いだ！」

「へえ、どうして嫌いなの？」

「○×だから」

「そうか。だから嫌いなんだ。じゃ、無理に仲よくしなくてもいいよね。そのうち好きになったら仲よしになればいいもんね」

こんなふうにお母さんに聞いてもらえる子は、「好きでも嫌いでもいいんだ。無理をしなくていいんだ」と思えて、無用なストレスを負わずにすみます。

ストレスが少ない子。それは適応の幅が広い子です。
ストレスは、人間の適応力を狭める最大の元凶です。

お母さんが「好きでも嫌いでもいいんだよ」と受け入れてくれると、子どもは次第に適応の幅を広げ、好きが多くて嫌いが少ない子に育ってくれます。嫌いな相手に対しても距離を保った上手な対応ができる子になりますから、イジメる子やイジメられる子になる危険も激減します。

好きなことは好き、嫌いなことは嫌い、と表現できる。それは自己主張という大切な力の原点です。

「誰とでも仲よくしなくちゃ」と思い込まされて育つ子は、自己主張できないで苦しむという、痛ましい結果になってしまうかもしれません。

何事もがんばって取り組まなければならない

子どもがこれから長い歳月を過ごしてゆく人生。それは何にたとえるのがよいのでしょう。山登り？　マラソン？　険しい山を登るように、苦しくて、つねに全力を出し続けねばならない試練なのでしょうか。

だったら、がんばり続けるしかありませんね。山登りもマラソンも体力気力の限界を極める闘いですから、気は抜けません。

いずれにしても、人生が競争なのだとしたら、油断大敵、がんばりが足りない者から負けていきます。

あなた自身は、どう感じながら生きてきましたか？

私は「人生っていうのは、長い散歩道みたいだ」と考えています。競争になってしまう場面もあるし、息を切らしてがんばって登る急坂もたまにはあるけれど、全体としてはのんびり歩きの、楽しくて長い散歩道。がんばり続けたら、とてもじゃないけれど目的地までたどり着くことのできない、長い長い散歩道です。

だから子どもたちにも、「がんばれ」という前に、楽しみや心地よさを伝えてやりたいと思うようになりました。

「がんばれ、がんばれ」とばかりいわれていると、「ああ、またか」とため息が出てしまう。こんな体験は、あなた自身にもあるはずです。

一方、好きで楽しくて、それをやり切れたときの心地よさを思い浮かべながらやり続けて、振り返ってみたら予想以上のがんばりを発揮していた、ということもよくあることです。

好きこそ物の上手なれ。「好きなことにはおのずと熱中できるから、上達が早いものだ」という、このことわざそのまま、好きなこと・楽しいことなら、そうと気づかぬうちに、熱中したり力を尽くしてやり遂げてしまいます。

だから大事なのは、毎日を過ごす中で、楽しいこと・おもしろいこと・うれしいことをたくさん体験させてやることです。

勉強だって料理だって掃除だって同じです。

お母さんが一緒にときを過ごしながら、勉強のおもしろさ、料理の楽しさ、掃除の心地よさを伝えてあげられるなら、子どもは必要に応じて熱中するようになります。「人生という散歩」の大事な局面では、誰にいわれなくても全力で集中する子に育ちます。

逆に、「人生は苦難の連続。だからがんばりなさい。がんばらなければ負け」といわれ続ける子は、「生きるのはつらくてイヤなことだらけだ」と思いこんでしまいがち。

そんな子は、早くから、がんばり嫌いのダラダラ屋になるかもしれません。

そうでなければ、ある年齢まではがんばるけれど、がんばってもつらいだけだと思いつめた末に「もうイヤだ！」と投げ出す結果になりがちです。すっかり生きる気力を失って、引きこもってしまう危険だってあります。

苦手を克服する努力を怠ってはならない

今は、「個性が大切だ」「個性を磨かなければ」といわれる時代ですね。

でも、改めて考えてみると、個性っていったい何なのでしょう。

私自身は、個性とはデコボコのことだと思っています。

欠けたところも飛び出したところも何もない、平均的な感じの人を個性的とはいわないですね。いくらかのデコボコがあって、それが魅力的なときにこそ、個性的な人として歓迎されるのではないでしょうか。

たとえば、学校で学ぶ主要科目が全体としてよい成績であるとしたら、親としては安心かもしれません。けれど、それがその子の伸び伸び生きる力に直結するのかといえば、私の実感としては「きわめてあやしい」です。

つまり、苦手がないように努力したとしても、必ずしも人生を豊かに生きられる人にはならないだろう、むしろその逆になりかねないかも、と私は思うのです。

それとは反対に、サッカーだけは得意で、ほかはまあまあ。数学だけは抜群だけど、ほかはダメ。ギターだけは上手だけど、学校の成績はお粗末。リーダーシップだけは見事で人望が高いけれど、そのほかは並以下。

そんな「強い個性の子」は、学校からすれば困った生徒なのかもしれませんけれど、そんな子こそが、将来が楽しみな子どもなんです。

サッカーやギターのプロにならなくても、数学者にならなくても、一芸に秀でることは間違いなくすぐれた能力であり、本物の個性であり、生きる力です。

小さいときから「上手なこと」「できたこと」「好きなこと」「楽しんでやれていること」をほめられて育つ子は、もしかしてデコボコな個性人間になりがちかもしれないけれど、豊かな自信をもって前向きに生きられる人になります。

小さいときから「できないこと」「不得意なこと」「嫌いなこと」を指摘され、

「努力しなくちゃダメ。がんばらなくちゃダメ」といわれてきた子は、自分に自信が持てない思いつめがちな子か、親や先生に反発ばかりする厄介な子になるかもしれません。

ほめる。それは最良の愛情表現です。もっとも望ましい「甘えさせ」です。叱咤激励を重ねてとにかく努力させ、努力の成果に応じてごほうびを与えるのは「甘えさせ」ではなく「甘やかし」になりがちです。

「苦手があってもいい。好きなことに熱中できれば大丈夫」とほめられ甘えさせてもらった子は、必ず豊かな人生を拓きます。

お手伝いしなければならない

同じことをやるのでも、気分によって苦痛や楽しみの度合いがまったく違ってしまうことってありますね。

今日も、掃除しなければならない。
今日の掃除も、鼻歌交じりで楽しもう。

今日も、夕食を作らなければならない。
今日もおいしい料理を作って、みんなの笑顔もいただこう。

どちらが苦痛かといえば「～しなければならない」気分のほうですね。

お手伝いができることは、勉強ができることよりも、はるかに大事な能力です。お手伝いで身につくのは生活技術そのものであり、勉強で手に入るのは人生における道具の一部だからです。

生活技術は生きる力の土台ですから、お手伝いできる子に育てるのはとても大切なことだ、と私も信じています。

だからこそ、「しなければならないお手伝いをする子」ではなくて、「お手伝いが好きでやりたがる子」に育てるほうがいいんです。

ある女性は、「女の子は家のことができなければならない」と考えるお母さんに育てられました。だから、料理も掃除も洗濯も、「しなければならないからイヤイヤだけどやる人」になってしまいました。

その女の子は、家事や雑事を不機嫌な顔でやるお母さんになってしまいました。

ある男性は、調理の楽しさ、掃除や洗濯のおもしろさを、お母さんにもお父さんにも教えてもらえました。教えてもらったからといって、手伝うのはごくたまのこと。でも両親は、邪魔になりかねないお手伝いだとしても歓迎し、手伝ってくれることを喜び、たとえお手伝いの成果が小さかったとしても必ずほめてくれました。

その男の子は、生活を楽しめる人に育ちました。何につけても「〜しなければならない」と考えるのではなく、「やりたいからやる・やりたくないときには無理しない」と考えて行動できる人になりました。

子どもは本質的に、手伝いたがりです。小さいときはとくにそう。子どもの手伝いたがりにつき合っていたら、時間ばかりかかって何も片付かない日々の連続になってしまうかもしれません。

親も忙しい日々を送っていますから、手伝いたがりの子どもにそうそうつき合ってはいられないのが実情かもしれません。でも、それでも工夫して、やりくりして、少しでもいいから、手伝いたがりの子どもの心を満足させてやるのが、愛なのです。

お手伝いのおかげで余計な手間がかかってしまっても、「よくできたね。お手伝いが上手だね」とほめてやるのが、上手な「甘えさせ」です。
「邪魔よ、あっち行っててちょうだい！　ほら、お菓子食べてていいから」は、
子どものワガママ心を招く「甘やかし」です。

親の心を不自由にする15の思い込み 6

あいさつしなければならない

小さい子でもそう、大きくなればなおのこと、上手なあいさつができたほうがいいですね。

あいさつができたほうがいいのは、もちろん親の体面のためではありません。子どもはみんな、「場面に応じてあいさつできたほうが気持ちいい」のを知っているし、「あいさつできないと気分が落ち着かない」とも思っているのです。

それにしても、私はたくさんの親子の姿を観察してみて、気づいたことがあります。子どもには「ちゃんとあいさつしなさい」と命じていながら、自分ではあいまいなあいさつしかしない親が多いですね。

親のほうは「あ〜ら、どうもどうも……」などといいながら、子どもに向かっては「ほら、コンニチハでしょ！」と頭を押し下げていたり、親のほうは「いつもスイマセンねえ～」といいながら、子どもには「なにボヤボヤしてんの！ちゃんとアリガトウっていいなさい！」と背中を小突いていたり。

これでは、上手にあいさつできる子になど育つわけがありません。

子どもというのは、親を真似て学びます。これは、忘れちゃいけない子育ての大原則。

なかなか親のいう通りには行動しないけれど、ふと気づけば親のやった通りにやっているのが子どもです。親が気持ちよく上手なあいさつができているなら、子どもも自然によいあいさつをするようになるんです。

だから、子どもに「あいさつしなさい」「しなければなりません」と指導する前に、親自身の姿をチェックし直すといいですね。

私は上手にあいさつできているかな？

無理なく自然に気持ちのいいあいさつができているかな？

もしできているなら、あなたのお子さんも間違いなく「あいさつ上手」になります。

あいさつはコミュニケーションの基本ですね。

人間はコミュニケーションを必要とし、言葉や心のやりとりに喜びや刺激を受けて満足する生き物。ですから、子どもに伝えたいのは、あいさつの重要さではなくて、あいさつの気持ちよさです。「あいさつし合ってうれしくなるのが人間なんだよ」という思いです。

親がいうコンニチハの横で子どもが小さくコンニチハしたら、「上手ないいあいさつだね」とほめましょう。コンニチハしてくれた子どもには、機嫌よくほめる気持ちいっぱいでコンニチハを返してやりましょう。

それは大人にとっても子どもにとっても、心地よくて豊かな思いが残る「甘えさせ合い」の場面でもあるのです。

オハヨウ・オヤスミ、イッテラッシャイ・オカエリナサイ、アリガトウ・ドウイタシマシテ。

みんな大切なあいさつ言葉。家族の中でもたくさん行き交うといいですね。

親の心を不自由にする15の思い込み 7

行儀よくしなければならない

お行儀がよい、のもっとも大事な部分は何なのでしょう。

まわりの人の心に不快感や戸惑いや迷惑感を招かない。たぶん、それがお行儀のよさの本質だろうと、私は思っています。

しかし、親が子どもに「お行儀よくしなさい」などと叱っている場面は、たいていこんなふうです。叱られている子どもはシュンと小さくなっている。それでもさらに叱りつけかねない険しい表情の親。

こんな場合、親と子どもと、どちらが不快感や戸惑いや迷惑感を招いているのでしょう。

「ああ、あんなに厳しく叱ることないのに……」と周囲に思わせるようなら、不快感の源は親に違いありません。お行儀が悪いのは、親。いうまでもなく、お行儀は叱って身につくわけではないにもかかわらず、親は（きっと周囲の目を気にしながら）無用な不快感を演出してしまっているのです。

子どもにお行儀のよさを身につけさせたかったら、長い我慢を強いないのが基本です。子どもは退屈する生き物ですから、ほんの少しでもジッとしていると、元気がよければなおのこと、苦痛に耐えられなくなりがちです。

お行儀よさは、子どもならではのその性質を利用しながら、少しずつ身につけさせるのが最善です。

子どもがそれまでよりも少しでも長く、お行儀よく我慢できたら、「お姉ちゃん・お兄ちゃんになったね。とてもよく我慢したね」と、言葉をおしまずにほめましょう。それからたった五分間でもいいから、子どもが我慢しないで過ごせる空間に解放してやりましょう。

このような体験が「我慢できるとほめてもらえるんだ。我慢のごほうびに、のびのび遊ばせてもらえるんだ」という喜びと安心感を培います。

するとその次のチャンスには、これまでよりももっと長くお行儀よく我慢して過ごせるようになります。そうしたら、またほめて解放する。

このような好循環の中で、我慢できるとよいことがあるという実感を培ってやるのが親の知恵です。

心地よい我慢を学んだ子どもは、我慢を「しなければならないもの」とは考えません。したほうがいいし、できれば気持ちよいことだ、と考えるようになります。

我慢が「苦しい我慢」ではなく自分を律することができる喜びとなり、無理なく我慢できる自分への自尊心は、その後に大きくふくらむ自信の礎にもなります。

「我慢しなければならない」といわれて我慢させられすぎた子は、逆に我慢のできない駄々っ子になる危険大。

つまり「我慢しなさい」は、甘ったれな子を作る言葉なのです。

はっきり気持ちをいえなければならない

自分の思いや願いを、はっきりと、臆することなくいえる。これはものすごく大事なことです。生涯を通じて、生きづらさにつながるさまざまな心の問題を生じる原因になるのが「自己主張の弱さ」。

しっかり自己主張できる力は、小さいときから上手に配慮しながらふくらませてやれるといいですね。

とはいえ、この場合にも「〜ねばならない」の気持ちで子どもに伝えるのは損です。

「ねばならない気分」は、どうしても「ちゃんとはっきりいいなさい！」とか「グズグズしないで早く決めなさい！」とか「はっきりしない子は嫌い！」などの威圧的な言葉に直結してしまいがちです。

それがどういう結果を招くのか、あなた自身が子どもの気持ちになって想像してみてください。

「どうしよう、はっきりいいたい。けどどういったらいいのかな。はっきりいっても大丈夫だろうか」と迷っていたり、「もう少しでいえるかもしれない」と思っている最中に、「早く決めなさい！」「はっきりしない子は嫌い！」と威圧されたら、子どもの心はどうなるでしょう。

きっと素直で繊細な子であればあるほど、シュンと縮みます。何とかいえそうだ、いいたい、と思っていた気持ちも萎えてしまいます。

つまり、親が「はっきり気持ちをいえなければならない」という気分で接していれば、逆に子どもの自己主張の芽を摘み取ることになってしまうのです。

子どもとは、「体験不足の塊」です。

知らないことばかりの中で、迷いに迷って学んでいます。自分の気持ちが定まるまでに、どうしても時間がかかります。自分の気持ちが定まっても、いっていいのか悪いのか迷ってしまったりもします。

ほんの小さな他愛のないことを決めるのにも、五分も一〇分も迷い続けるのが、子どもなのです。

愛、とは、待てる心のことでもあるのですね。イライラしないで、子どもが子どものペースでしっかり「これ！」と主張できるまで穏やかに待つ。これは本当に大事な愛情表現です。

そんな豊かな愛情に見守られて育つ子どもは、いつしか自然にすみやかに折り合いのよい自己主張ができる子に育ちます。


では、「早くしなさい！」モードで威圧されて育つ子はどうなるか。

親の意向や大人の顔色に合わせて、自分の気持ちを軽視して選んだり決めたりする子になります。そういう子は、成長のどこかで「自分の本当の本心」を見失ってしまいます。

「自分の本心を見失う」とは「生きる意欲を喪失してしまう」とほとんど同義語です。

親の心を不自由にする15の思い込み 9

やさしい人でなければならない

生きていくうえで何よりも大事なのは「自分を大切にできる心」です。自分を本当の意味で大切にできている子は、出会う人々を自然に大切にします。出会う物事のすべてを大切に思います。それがやさしさの土台です。

愛されて育っている子は、誰にいわれなくても自分を大切にするし、触れ合う人々や見るもの聞くものをすべて大切に受け取ります。

心育ての難しさは、このあたりにあります。

「やさしい人でありなさい」「思いやりを持たなければなりません」「命を大切に」と言葉で教えたり、さまざま工夫して指導したりしても、それだけで心豊かでやさしい子になるはずがありません。

そんな言葉や指導がなくても、ゆったり愛されて育っている子は、やさしさを身につけます。やさしい愛に満ちた親の子は、自然にやさしくなるのです。もし、やさしく穏やかに愛することが苦手な親が、子どもに向かって「やさしい人でなければならない」と説教したとしたら、子どもの心はよじれ始めてしまいます。

親のやさしさ、とは何でしょう。

やさしい親の思い出、といったらどんな場面が思い浮かぶでしょうか。

やわらかい抱っこ。穏やかに包んでくれる無言の愛。苦しかったり悲しかったりしたとき、静かに、問いつめることなどなく見守ってくれていた眼差し。涙が出るほど懐かしく温かい思い出。

やさしさを受けた実感がよみがえってくる思い出です。

本物のやさしさとは、「甘えさせ上手」のことといってもよいでしょう。

いたわってもらいたい、疲れてしまっている、悲しんでいる、だから甘えさせてもらいたいと願っている心を穏やかに受け入れる。そんな「甘えさせ上手」な人こそが、本当にやさしい人です。

「甘えさせ上手」になれるのは、「甘え上手」な人、大きくて豊かな愛にたっぷり甘えた体験を味わった人です。

そんな甘えさせ上手・甘え上手な人は「やさしい人でなければならない」なんて考えません。考えるまでもなく、当たり前にやさしいからです。

もちろん、他方では「やさしいだけが愛じゃない」のも本当ですね。ときには厳しく、強く、妥協を許さずに叱咤激励できるのも愛です。

ただこれも、いつもはやさしく穏やかな愛なのに、それがごくたまの重要な局面でだけ厳しい愛の側面を見せるからこそ、子どもの心に響いて「よし、やらなくちゃ！」という集中力を呼び起こすのでしょう。

やさしさ不足の親の厳しさは、子どもの心をすさませます。すさんだ心は弾力を失って動けなくなりがちです。

親の心を不自由にする15の思い込み 10

約束は守らなければならない

約束を守ることは、間違いなく、とても大事なことですね。

約束を守れる子に育ててこそ、人々や社会から信頼される人になるのですから、約束を守れる人になってほしいというのは、親ならば当然の願いです。約束を破っても平気な人になってしまったら、豊かで心地いい人生など歩めるはずがありません。

では、どうしたら約束を守れる子になるでしょう。

次から次へと守るべき約束を提示して、約束を守るトレーニングをしっかり重ねさせればいいのでしょうか。

約束を破ったときには厳しく叱責して、約束を破ればつらい思いをするのだと思い知らせるのがいいのでしょうか。

たしかに、約束を守るように厳しく教育された人は、もしかしたら「約束を守ることこそが人生で一番大切なこと」と信じて生きる人になるかもしれません。けれど「なんでもかんでも約束が大事。約束こそが最優先だ」と思いつめて生きている人なんて、なんだか堅苦しくて息がつまってしまいます。

堅苦しくなく、ほかの人々の負担にならないくらいに、でも多くの人々と上手につき合ううえで支障が出ない程度に約束を守れるように育てるコツは、守るべき約束の数を減らすのが基本です。

アレもコレもとたくさんの約束を守らせるのではなく、無理なく守れるはずの、数少ない約束を、親子で大事にし合うこと。

大事な約束を、それがどんなに簡単なことでも守れたときには「えらいね。立派だね。約束を守れてうれしいね」と惜しまずにほめること。そうやって過ごしていれば、約束を守れる喜びと約束を守れた誇りが心に根付いて、自然に上手に約束を守れる子に育ちます。

子どもに守らせたい約束。あなたの場合だったら、いくつくらいありますか？その数が一〇個を超えるようなら、多すぎます。子どもはいつの間にか、約束を守れない子になってしまう危険性が大です。

五個以上でも、まだ多いと思います。守らねばならない約束を減らす工夫をしてあげましょう。

三個くらいなら、適当な範囲かと思います。無理なく守れる工夫をしてやりながら、約束を守ることの大事さ、うれしさを伝えてあげましょう。


そうそう、約束を上手に守る子どもに育てるうえで忘れてはならないのは、親が子どもとの約束を大事に守ることです。

「今度、〇〇に連れて行ってね」「わかったよ」と約束したのに、当日になったら「忙しいからダメ。予定が変わったの」。こんなことをくり返すような親だったら、いくら厳しく叱ったところで約束を守れる子にはなりません。

子どもは、親のあるがままに学んで育つんです。仕方がありません。

明日の遊園地中止ね！別の予定入ったから
えー!!
フン
ボクが約束やぶると怒るくせに…
クソー

食事は栄養第一でなければならない

とくに育ち盛りの子どもなら、栄養が気になりますね。バランスよくたっぷり食べてもらいたい、好き嫌いなく充分に食べてほしい、と、お母さんは精いっぱい知恵をしぼって工夫することでしょう。

それなのに食べる量が少なかったり、食べず嫌いで食べ残したり。まったく、この子って、どうしてこうなのよ、と思っているうちに、つい「残しちゃダメ！ちゃんと食べなさい！」なんて怒鳴ってしまうかもしれません。

でも、ちょっと考えれば気づきます。

この地球に生まれ育つすべての生き物の中で、アレ食べなさい、コレ食べなさい、もっと食べなさい、食べなきゃいけません、と指示や命令を受けるのは、人間の子どもだけです。

人間の子ども以外の生き物は、食べるも食べないも本人の意思にすっかりまかされています。

親にできるせいぜいのことは、子どもが食べたいときに、食べたいものを、食べたいように食べられるように準備すること。これは注目するべき事実です。

もちろん、人間にとっての「食べる」は大事な文化なのだから、教え伝えることを欠かすわけにはいきません。けれど、叱咤をともなう強制ではなく、もっと穏やかに、親が食を楽しむ様子や所作を通じて伝えたほうが得です。

強制されたり叱られたりで食べさせられる子は、嫌いな食べ物を増やしてしまいます。

理屈は簡単。その食べ物と、強制や叱咤を受ける嫌悪感やお母さんの怖い顔とがセットで心に刻まれてしまうからです。ご自分の身に引き寄せて考えればわかるでしょう。

「食べなさい!」は、偏食や小食を悪化させる結果にしかなりません。

味覚を代表とする五感というのは、じつにうまくできています。汗をかくと塩っぱいものが食べたくなる。疲れると甘いものがほしくなる。人間の体は、自分のそのときの要求に応じた味を求めます。

そのときどきに食べたほうがいいものを、体は、教えられなくても知っているということですね。子どもの体も、本来、そのときどきに必要な栄養を求めるようにできていますから、その力を信じることが大切です。

だったらなぜ、お菓子ばかりをほしがるの？　偏食するの？　小食なの？　と不思議に思うかもしれません。

そういう子は、五感が鈍っているのだと思っておきましょう。強制や叱咤で根付いているイヤイヤ感が、体の要求をひねくれさせてしまっているんです。

思い切って、やさしい勇気をもって、強制や叱咤をやめ、できる限り本人の自発性にまかせて様子を見てみましょう。すると、子どもの好き嫌いや小食が改善するだけでなく、親子ともども、食事をとても楽しめるようになります。

モノを粗末にしてはいけない

モノを粗末にしたら、ゴミが増えて、大事な地球環境がますますすさんでしまいます。何よりも、モノを粗末にするのは自分の心を粗末にすることでもあるのです。だからこそ、モノを大事にできる子に育てたいですね。

では、どうしたらモノを粗末にしない、モノを大事にする子に育てられるでしょうか？

「モノを大事にしなさい」と、口をすっぱくしてでも教え続けるなら、モノを大事にする子になってくれるのでしょうか。家族みんなが、不便でも不自由でも徹底的にモノを大事にする生活をするなら、モノを大切にする心を養ってくれるでしょうか。

どちらも間違いではないのでしょう。けれど、どちらの方法をとるにしても、もっとも大切な土台が欠けているのだと思います。

私たちの心の原理は、ある意味では意外なほどに単純です。まして子ども時代の心の原理となったら、あきれるほどに単純です。

心は「やってもらった通りにする」のであり「やられた通りにしてしまう」のです。

つまり「大事に扱われている子どもの心は、あらゆる物事を、自然に無理なく大事にできる」のであり「粗末に扱われている子どもの心は、どうしても、物事を粗末にしてしまう」のです。

ちょっと極端な場面を想像してみましょう。

その子はついつい、気づかぬうちにモノを粗末にしてしまう子です。たった今もそう。大切にしなければいけないモノを粗末に扱ってしまって、お母さんとお父さんに強く叱られている最中です。

その子は、ずいぶんあらっぽい言葉で叱咤されています。

お母さんは言葉だけでは不足だと思ったのか、「この手がいけない」と子どもの手をピシャリと叩きました。お父さんも「何度いわれてもわからない子はバカだ」といって頭をこづきました。子どもは「これからはちゃんと気をつける」といいながら、うなだれ泣いています。

私たち大人は、案外多くの場面で、これに類する過ちを犯しています。子どもという、何よりも大事にしたい存在に対して乱暴な態度をとりながら、「人にやさしくしなさい」「素直な心になりなさい」と強いている。その子自身を粗末に乱暴に扱いながら、言葉で「モノを大事にしなさい」と強いている。こんな二重構造の乱暴な扱い方をしてしまいがちなのです。

このような目にあえばあうほど、子どもの心はすさみます。自分に対しても物事に対しても乱暴に、粗末に扱うようになってしまいます。悲しいことです。

そんな子は、さらに叱咤されたり強制されたりすれば、もっとすさんだ心になってしまいかねません。

13 失敗してはいけない

失敗は成功の母。そういういい方は、今はあまりしないのでしょうか。失敗は無駄であり、遠回りであり、不効率なものだ、と思う人のほうが多いのでしょうか。

たしかに、効率重視の一般的な仕事社会では、失敗は少ないほうがよく、できればないほうがよいのでしょう。失敗は収益や信頼を減少させるだけの悪でしかないと考えるのが当然であり、失敗は成功の母などと悠長なことをいっていたら厳しい企業間競争では負け組に落ちてしまうのでしょう。

それはそれでいいのかもしれません。仕事社会は効率追求に徹し、その結果得られる収益をより豊かに配分することで、社会全体のゆとりや奥行き豊かな文化を紡ぐことができるとしたら、ずいぶん好都合だとも思います。

ただ、この失敗をめぐってのことに限らず、このごろの大多数の家庭の空気は仕事社会の常識や学校的常識に支配されすぎているのではないかと、私は思っています。

そのために、本来なら家庭の空気にもっとも大切なうるおいやゆとりや許しが排除されてしまっているな、とも思っています。

さらにいえば、家庭が家庭ならではの空気を失ってしまったがための悪影響は、見過ごしてはならない社会的危機を招いている、なんとかできないものか、まずいぞ、とまで私は考えています。

失敗を避けていたら、人間は何一つ学べません。頭に知識やノウハウは入るかもしれませんが、体に深く刻まれる学びとして多くの「生きる術」を身につけることはできません。

たとえば、ナイフで鉛筆を削って、指を切って痛い思いをするという失敗をできないとしたら、ナイフという道具とのつき合い方も学べないし、たとえ血が出ても、自ら治癒させる力を秘めもっている自分の体のすばらしさも学べません。

失敗したくないから余計なことはしない。傷つけられたくないから人づき合いでも失敗しない。傷つけるのが嫌だから人の心にかかわらない。

私は、その種の思い込みにとらわれて生きられなくなっている若者をたくさん知っています。生きられないほどに深刻ではなくても、多くの若者や子どもが、失敗も傷つきも傷つけもしたくないがために、生きづらさに惑っているのも知っています。

失敗していいんだよ。

失敗して学ぶんだよ。

失敗してこそ、発見も成功もあるんだよ。

お母さんなんか、ほらいつだって失敗してるじゃない。

安心して失敗しよう。

そんな「甘えさせ上手」な家庭で育つ子は、大らかに豊かに生きる人になります。

ウソをついてはいけない

私は、さまざまなウソを数え切れないほどついてきたあげくに、今を生きています。もちろん他愛のないウソもたくさんついたけれど、中には罪深い、忘れるに忘れられない心痛むウソもあります。

そもそも、ウソをつかないで生きるなんていうことが、できるのでしょうか。「これまで一度もウソはつかずに生きてきた」と断言できる人って、いるのでしょうか。とりあえず私には無理なことです。

人の心には、白か黒か決めつけられないあいまいな感情があちこちに潜んでいます。そのあいまいなところにかかわることなのに、「白黒はっきりした明確な答え」を要求されたら、たいていはウソをつくことでやり過ごすのではないでしょうか。

私のことだけが好き？　ボクのこと永遠に愛してくれる？　そんな問いかけに「ウン」といい切れるのは、熱病のような恋のさ中だけ。それ以外の場面となったら、心の戸惑いを押し隠して「ウン」と答えては、その場をしのぐほかないのかもしれません。

大人の心はともかく、子どもの心は純粋だからウソなどと無縁で過ごせるはずだ、と思いますか？

たしかにそういう部分もありそうです。けれど子どもの感情は、かなり幼いとしても複雑精緻でもあります。

好きだけど嫌い、受け入れられたいけれど拒む、といった矛盾した（アンビバレンスな）感情は、乳児期の心にも生じています。子どもの心といえども、大人が身勝手に美化するほどに純粋ではないのです。

ウソをついてはいけません。そう教えながらも、ちょっとばかりウソをついている場面を見過ごしてやれるなら、子どもの心に「ウソはつかないほうが気持ちいいな」という感情をはぐくむことができるでしょう。

ウソを見過ごせる上手な「甘えさせ」が心のゆとりとなって、言い訳や自己弁護のためのつらいウソなどつかないで育っていける子どもになるでしょう。

親や大人によること細かな追及を怖れないで過ごせる子どもは、幸せです。

どんな小さなウソもついてはいけない。隠しごとは絶対にしてはならない。そんなことは無理に決まっているのに、大人側のウソや自分勝手は棚に上げて子どものウソを細大もらさず追及し暴くとしたら、子どもの心は逃げ場を失います。怒られることを怖れるがために、その場しのぎのウソや言い訳を重ねざるを得なくなります。

ウソやごまかしが多い子には、そうせざるを得ない心の事情があります。

ウソを無条件に許せ見逃せというのではありません。けれど追及し暴く前に、ウソをつかざるを得ない心のつらさを感じてあげなければ、子どもの心は開きません。

すべてを白日の下にさらさせるのは、「心の暴力」。

心をゆるめて見逃すのは温かい「甘えさせ」です。

つらくても人に甘えてはいけない

二つの場面を想像してみてください。

あなたの手には幼な子と重い荷物。階段を昇るだけでもつらく大変です。けれど、がんばり屋のあなたは、誰かの手助けなど期待することもなく、必死に自力で昇り続けます。

その姿が、周囲の人々には、手助けを拒絶しているかたくなな姿に見えてしまうせいもあるのか、人々はそんなあなたに気づきもしない様子で、ただひたすら行き過ぎます。

みんな忙しいんだし、自分のことで精いっぱいなのだから、仕方ない、とあなたは思っています。それが世の中というものだもの、これでいいんだ、がんばらなくっちゃ。

あなたの手には幼な子と重い荷物。ちょっと大変な思いをしながら、階段を昇り始めました。すると「手伝いましょうか？」と穏やかな声。甘え上手なあなたは「助かります。ありがとうございます」と答えます。

穏やかな声の主は「お互いさまですよね。私も、子どもが小さいころにはずいぶん手助けしていただきました。かわいいお子さんですね。お母さんにやさしく抱っこされて、幸せですね」といってくれます。

混んだ階段で邪魔になっているに違いないのに、気づいてみると、行き交う人々の多くがあなたたちにやわらかい視線を向けてくれています。

あなたはどちらの情景が好きですか？

せちがらい中で押し黙ってがんばる日々を重ねたいですか？

穏やかな助け合い・甘え合いのおかげで心和らぐ日々を重ねるほうがいいな、

と思いませんか？

　手助けがあって当然、それがないのはおかしい、と不満を抱くのは甘ったれかもしれないけれど、手助けを「ありがとう」と気持ちよく受け入れるのは、お互いに心地よくなれる上手な甘え方だと思いませんか？

「グズグズ昇りやがって、甘ったれてんじゃないよ」とイラつく不機嫌な人であるより、お互いさまの手助けにほほえみ合える人でありたいと思いませんか？

　どちらを選ぶかは、もしかしたら好みの問題なのかもしれないですね。実利的に効率よく、を優先する人にとっては、心地よい配慮や助力の行き交いはうっとうしいだけなのかもしれません。

　もう一度、想像してみてください。

　甘え上手なお母さんに抱かれて幸せな階段昇りを体験した子は、手助けのありがたさと喜びを知る人に育ちます。いくらか年取って体のあちこちが不自由になったお母さんに、無理なく自然なサポートができる人になっています。世知辛い世の中を歩きながらも、いつでも上手に手助けできるし、手助けを受け入れられる人になります。

「甘えさせ下手な親」が抱えやすい
15の思い込み

1 自分のことは自分でできなければならない
2 どんな友達とも仲よくしなければならない
3 何事もがんばって取り組まなければならない
4 苦手を克服する努力を怠ってはならない
5 お手伝いしなければならない
6 あいさつしなければならない
7 行儀よくしなければならない
8 はっきり気持ちをいえなければならない
9 やさしい人でなければならない
10 約束は守らなければならない
11 食事は栄養第一でなければならない
12 モノを粗末にしてはいけない
13 失敗してはいけない
14 ウソをついてはいけない
15 つらくても人に甘えてはいけない

きちんと育てるほど、手に負えない子どもになるのはなぜ？

私が15の思い込みとしてあげたものに共通するのは、「きちんと・厳しくしつけなければならない」という、育てる側の信念ともいえるものです。

もちろん、きちんとできることや厳しさも、生きるうえで必要な心の要素です。甘えないで自力で乗り越えることは、たしかに人間として豊かに生きるうえで必要不可欠の覚悟。それらは自律・自立する心持ちの要になります。

ちょっと人間の世界から離れて、盲導犬を例にあげてみましょうか。

盲導犬になるまでに犬が受ける訓練は、驚くほどに厳しいものです。社会に迷惑をかけないためのきちんとしたしつけは不可欠。

盲導犬の役割は、状況に応じた適切な判断を重ねて盲人をリードすることですから、身につけなければならない自律レベルの高さには、もしかしたら人間並み以上の部分があるのかもしれません。

けれど、犬に詳しい方ならご存知のように、盲導犬になる犬の子ども時代は存分な甘えに満ちています。盲導犬になる犬は、生後二ヵ月から約一歳までの一〇ヵ月間、犬が大好きな家族の一員として育ちます。

この盲導犬候補の子犬時代の世話をする家族を「パピーウォーカー（puppy walker＝子犬と歩む人）」といいます。

犬も、ほかの動物も飼っていない家族でなければ、パピーウォーカーにはなれません（そうでない場合もあるようですが）。しかも、旅行などにも犬を連れて行けるほどに心のゆとりを持っている家族であり、もちろん家の中で犬と暮らすことを喜べる家族であることが求められます。

そんな家族の中で、盲導犬候補の子犬はみんなから愛され、みんなとたわむれながら育てられます。子犬は、存分に甘えを満喫しながらの子ども時代を過ごすのです。

この子ども時代に、厳しい訓練に類するものは一切ありません。ただただひたすら甘えたわむれながら、排泄などのごく基本的なルールだけを身につけて過ごすのです。

こうして育つ子犬は、人間に甘え、人間とたわむれる喜びを体のすべてで知ります。人間への信頼感を深め、人間と心を行き交わして過ごす幸せを味わいます。互いに心を感じ合いながら、生きることを心底楽しめる犬に育つのです。

生きることが好き。心を感じ合い行き交わすことが好き。たっぷり甘えて育った甘え上手な心。

それらが、一歳以降に行なわれるきちんとリードするための訓練や厳しいトレーニングを受け入れる土台であり、訓練にともなうストレスに耐えられるだけの器を培うプロセスです。

甘え・許される心地よさを知らない心は、社会適応力を培う土台がない心です。

そんな心にはストレスを受け入れて処理する力も育っていませんから、小さな困難のたびに「生きるのなんてつらい。楽しいことなんか何もない」と、不機嫌にイヤイヤ過ごす心になってしまいます。

イヤイヤに支配される心は、コミュニケーションをとるのが下手です。誰の心とも上手に行き交えません。だから何かにつけて折り合いの悪い、親の目には手のかかる厄介な子として映る可能性が高くなります。

まったく逆に、手がかからなくて大人しくて、放っておいても一人で静かにしている子である可能性もあります。後者の場合は、あとあとでとても深刻な心の問題が表面化する危険がありますから、なおさら注意が必要です。

人の子どもの場合は、少なくとも六歳を過ぎるころまで、たっぷり甘え許される体験を最優先で育てることが必要です。この時代の甘え不足は、その後必ず、心の歪みや社会適応力不足などの形で表面化すると思っておいたほうがよいでしょう。

「きちんと」や「しっかり」や「厳しさ」を求めすぎるのは、「甘え上手」の土台が充分に培われていない心にとっては害毒でありがちです。表面的には大人受けのよい子どもとして振る舞いながらも、心の内側では不満を蓄積し、すさみを深める場合も少なくありません。

「甘え上手」な心は折り合いのよい心であり、さまざまな困難を乗り越えるしなやかな強さを持つ心です。「きちんと」や「しっかり」も「なるほど、そのほうがいいな」と、必要に応じて素直に受け入れる心です。

そんな心に育った子どもは、よりよく生きるために必要な社会性をすみやかに身につけます。受験やスポーツなどで「厳しい訓練・試練」に直面しても、見事に乗り越える豊かな強さを発揮します。

「甘やかし」はワガママのもと、「甘えさせ」は自信のもと

厳しさも愛。よくいわれますね。

けれど、私たちの社会には、愛を言い訳にした不要な厳しさも目立たないではありません。この種の厳しさは虐待に直結しかねない危険があるだけに、要注意です。

他方で子育ての途上には、ときおりですが、愛のゆえに厳しくせざるを得ない場面があるのも事実だと思います。

忘れてはならないのは、「存分に甘えることで培った土台がない心」「ストレスに耐えられる力がはぐくまれていない心」に対しての厳しさは、ネガティブに作用しがちだという点です。悪くすれば害毒にしかなりません。

上手に甘えさせてもらって「愛されている。守られている。認められている。受け入れられている。許されている。大事にされている」と実感できるようになった心にこそ、厳しさはポジティブに作用するのです。

この原則を忘れた子育てを続けてしまうと、たぶん子どもが思春期になったころから、親は大変な苦労と厄介にまみれながら、子どもの甘えを受け入れさせられます。

そのプロセスで、子どもを甘えさせることの意味と重要さを、かなり厳しい体験を通じて思い知らされる結果になります。このあたりの現実を、経験豊かな心理カウンセラーなら数え切れないほど知っています。

あなた自身の心を思って考えてください。

とても疲れているあなたは「ねえ、○○やってくれると助かるんだけど」と、パートナーに甘えました。すると相手は「ああ、いいよ」と快くサポートしてくれました。「ありがたいな」とうれしくなったあなたは、とても満足。疲れも軽くなり、とても機嫌よく過ごせるようになります。

もし、あなたのパートナーが「甘えさせ下手」だったらどうでしょう。あなたが「ね、お願い」と甘えても、「うるさい。自分でやればいいだろ！自分の仕事なんだから！」と突き放す人だったら……。あなたが「どうしても、お願いだから！」としつこく頼んで、やっと、いかにも不機嫌そうにイヤそうに、その場しのぎで応じる人だったら……。

あなたの疲れは倍増します。不機嫌になりイラ立ちます。だから、なんとしてでも相手をこらしめたくなって、何かにつけてアレコレ要求せずにいられなくなります。

しつこい要求に「だったらこれでいいでしょ」とか「これで我慢してよ」とか「こっちだって大変なんだから」とか、イヤイヤ仕方なしにその場しのぎで応じるのが「甘やかし」の原点です。

要求に応じるとしても、「はい、いいよ」という思いが欠けているのが「甘やかし」。「ねえ、ねえ」と抱っこをせがんでいる心に「忙しいから」と抱っこの代わりにお菓子を与えるのが「甘やかし」。

「はい」と機嫌よく受け入れてもらえれば満足する心も、イヤイヤ仕方なしの

「甘やかし」には不満ばかりが募ります。不満だからまた要求する。でも要求して得られるのは、イヤイヤ色だらけの応答である「甘やかし」。

本当は「はい」と機嫌よく甘えさせてくれる愛がほしいのに、求めても求めても、返ってくるのは愛とは無縁の「甘やかし」ばかり。

そんなことが続けば、ワガママをいったり身勝手なことをしたりせずにはいられなくなるのが、私たちの心というものです。

私たち大人がそうなのだから、子どもの心はもっと甘えたがりです。甘えさせ下手の親が差し出す「甘やかし」では絶対満足できませんから、どうしたって駄々こね・ワガママになります。

そんな子どもを前にして、「なぜこんなにワガママなんだろう?」とイラ立ちながら、子どもの心を押し返し続けたら、もっともっと駄々こね・ワガママせずにいられない子どもになってしまいます。

解決の早道は、「機嫌よく甘えさせること」です。子どもの要求に心から応じてやること。イラ立つ心をやりくりしてでも、子どもの甘えを受け入れることです。

親だって疲れているしイライラしているのですから、とっても大変。けれど、自分の心にやりくりをつけて子どもの甘えを受け入れられる心持ちこそが、親の愛なんです。

簡単にできることではないけれど、少しでも多く親の愛を伝えられるようになりたいと願える人を、親というのです。

ちゃんと甘えさせてもらえず、その場しのぎの「甘やかし」で育つ心は、いつも無力感を味わいます。

一所懸命お願いしてもダメなんだ。いくら望んでも求めても、ほしいものは手に入らないんだ。本当にほしいもののかわりの、その場しのぎしか手に入らないんだ。こんな無力感を味わい続けた心は、ほどなく「どうせ私（ボク）なんか……」と思うようになります。

「願いや望みはたいていちゃんと叶えられる、親はいつでも私（ボク）の気持ちに一所懸命応えようとしてくれる」と思える心は、成長の道のりで無数の自己効力感を味わいます。

願いは叶うんだ。望めば応じてもらえるんだ。私（ボク）の思いは届くんだ。

このような自己効力感を味わうほどに、当然のこと、心は自信に満ちてきます。上手な「甘えさせ」は、子どもの心に豊かな自信までふくらませてくれるのです。

自信の土台は愛されている安心感。

甘え上手は愛され上手。

甘え上手は「生きていていいんだ。生きられるんだ」と信じます。自分自身を信じます。

本当の「甘えさせ」には副作用がない

「そんなに甘えさせてると、甘ったれになってしまうよ」

「甘えさせてると、自立しなくなっちゃうよ」

「甘えさせてるから、不登校になっちゃうんだよ」

これらは大ウソなのに、みんなけっこう信じてしまっていますね。

とくに、「甘えさせる心のゆとり」が足りなくて（そうと意識できないまま）苦しんでいる親にとっては便利な言い訳にもなるから、ついつい信じてしまうのでしょう。

「子どものためを思うからこそ甘えさせないんだ」と考えれば、親としての「自分の至らなさ」を直視しないで過ごせるかもしれません。

「甘えさせるのが大切なのはわかっている。でも甘えさせすぎは甘やかしになってしまうかもしれない。甘やかすことで、甘ったれな子どもにはしたくない」

そんなふうに、切実に悩み迷い、戸惑ってしまう親心もたくさんあります。

ここはシンプルに結論から。

「甘えさせ」と「甘やかし」は、まったく別のものです。「甘えさせすぎ＝甘やかし」ではありません。

したがって「甘えさせていると『甘ったれ』という副作用があらわれがちだよ」に類する警告も、事実無根の大間違い！　です。

本当の甘えさせなら、甘ったれやワガママを招く副作用はないのだから、「甘えさせると甘ったれになる」心配なんかしないでいいのです。

子どもが小さかったら、こんな実験をしてみてください。

買い物中に子どもが「ねえ、コレ買って」とお菓子などをほしがったら、「はい」と機嫌よく、交換条件など出さずに、駆け引きも一切なしに買ってやります。

小さな子どもがほしがるのは、せいぜい百円程度のもの。それでニコニコ満足してくれるのだから安いものです。

それ以前には我慢させることを優先して育ててきたとしたら、しばらくの間は「買って」がエスカレートします。これでもかというほどに、しつこくほしがるかもしれません。それでも「機嫌よく買ってやる」を続けていると落ち着いてきます。ほしがり方が穏やかになります。

そこまできたら、もう一つ実験。

「今日は、ちょっとお金が足りないから、お菓子は明日にしてくれるかな」とお願いしてみましょう。すると、あっけないほど簡単に「うん」とうなずくはずです。いつも買ってもらって、充分に満足しているからです。

子どもは「親の愛」を求めます。「甘えさせてもらいたい」から、アレコレほしがりもするのです。

だから「親の愛」に満足し「いつでもちゃんと甘えさせてもらえるんだ」と安心するにつれて、物ほしがり・買ってもらいたがりの要求がなくなっていきます。

このあたりの子どもの心理は、あなた自身が愛に餓えていると衝動買いや無駄買いをしてしまうことを思い出せば、とてもよくわかるのではないでしょうか。

愛されたいときに、温かく・やわらかく・穏やかに・やさしく包まれたら、衝動買いや無駄買いをしなければおさまらないような気分はすっかり消えてしまうはず。子どもの心理も親の心理も同じです。

このあたりの心のカラクリをめぐって考えていると、きっと納得できる日がきます。

「甘えさせ」は、本当の意味での「よい子・生きる力に満ちた豊かな子」を育てる最良の栄養です。

もう一度、確認しておきましょう。

最良の栄養である「甘えさせ」に副作用はありません。

「甘ったれ」になるのは「甘えさせ」の副作用ではありません。

「ちゃんと甘えさせてもらえず、親の都合で甘やかされ、ごまかされてきた」ためにうずく不満や不安こそが、「甘ったれずにいられない衝動」のエネルギー源です。

子どもの要求

子どもの心に寄り添う	親の都合を押しつける
機嫌よく要求に応じる	その場しのぎの対応でごまかす
甘えさせ	**甘やかし**
甘え上手な子どもになる	甘え下手な子どもになる
自分に自信が生まれる	自分に自信が持てない
必要な我慢ができる	身勝手・甘ったれな行動をとる

いくら「甘えさせ」ても「甘やかし」になることはないんだよ
「甘えさせ」と「甘やかし」はまったく別のモノだから

たっぷり甘えて育った子どもはとっても我慢強い

我慢できる心、必要なときにはしっかり耐えられる我慢強さは、ぜひ子どもの心の中に育ててやりたいものです。物をほしがったり、お金をほしがったり、地位や名誉をほしがったら際限ない世の中だからこそ、適度なところで上手に折り合って生きていく力を育ててやりたいと願わずにはいられません。

ただ難しいのは、我慢できる心は「我慢しなさい」と言葉で教えたからといって育つものではないあたりです。

むしろ「我慢しなさい」を積み重ねるばかりだと、「我慢できないキレやすい心」をふくらませてしまう危険さえあります。我慢は大切だけど、我慢我慢と指導すれば育つわけではありません。

ここでも、あなた自身の心に照らして考えてみましょう。

いつもはちゃんと必要な我慢ができるあなたでも、なぜか我慢しようにもできないときがありますね。無理なく我慢するうえで不可欠なのが、心のゆとり。心がギリギリ、精いっぱいの状態だったら、我慢しようにもできるはずがありません。

では、心のゆとりを失わせるのは何でしょう。

不安。不満。イラ立ち。疲れ。怒り。淋しさ。

そんな感情が心に満ちてくると、我慢しようといくらがんばったところで、耐えられなくなるのが普通です。それが人の心というもの。安心感やゆとりを失っている心は、いくら決意や努力を重ねても、我慢を保てなくなってしまうものなのです。この点は、大人も子どもも同じです。

我慢しなさい。がんばりなさい。ワガママいわないの。

いつもそんなことばかりいわれている子どもの心は、不満でいっぱいになり、イライラし続けます。怒りもたまり、不安定にもなります。なんで私（ボク）は我慢ばかりさせられるのかな、と悲しくなり、甘えさせてもらえないための淋しさも募ります。

おかげで、ついついワガママをいわずにいられなくなります。駄々こねしたくなります。不機嫌にもなります。するとまたいわれてしまいます。

我慢しなさい。がんばりなさい。ワガママいわないの。

こうなると悪循環で、子どもの心にはさらに、不満、イラ立ち、怒り、不安、淋しさなどが募ります。おかげで心の芯が疲れ切ってしまって、いつもムッとした不機嫌な顔の「イヤな子」になってしまいます。

たっぷり甘えさせてもらえる子は、安心しています。心のとても深い部分で安定しています。「私（ボク）はちゃんと楽しく気持ちよく生きていける」と思えるので、「この世界」への信頼も深まります。だから、いくらかつらい場面に直面しても、不安、不満、イラ立ち、疲れ、怒り、淋しさなどのネガティブな感情にとらわれることはありません。その場しのぎのワガママ勝手な行動などでウサ晴らしをせずにいられないような状態には、なかなかなりません。

それは「平気で我慢できる子」の姿です。

平気で我慢できる子とは、ちょっと妙な表現ですが、本当にそうなんです。

ゆったり安心して育っている子は、心が安定しています。ゆとりがあります。だから、ちゃんと甘えさせてもらえないストレスに耐えている子だったら、我慢できずに大騒ぎするような場面でも、顔色一つ変えずに穏やかに過ごします。

つまり、愛され甘えさせられて安心している子は「我慢強い」というよりも、「ほとんどの場面で、我慢しないでもやり過ごせる」のです。

矛盾した話だと思うかもしれませんが、本当のことです。

我慢を強いられる子は、我慢して我慢して耐えられなくなったらキレます。何かとキレやすくなるのは、我慢させられすぎた子です。

我慢を強いられることなく、ちゃんと甘えられて、許されて、ほめられて、認められて育つ子は、我慢という意識なしに、さまざまな課題を乗り越えられる子になります。そんな子は、ここ一番となったら驚くほどの「我慢強さ」を発揮します。充分なゆとりとエネルギーを培っているからです。

我慢をさせすぎると、我慢できない子を育ててしまう。「大丈夫だよ。もっと楽にやっていいよ」という「甘えさせ」は、ストレスに耐える力を持った子を育てる。世間の常識には反しているけれど、私は「そうだ」と確信しています。

人生という山を登り始めた子どもに、何を伝えたいですか？

私がいつも思っている「子どもたちに伝えたいこと」は、二つです。

一つめは、「生きるのはすごく楽しいことなんだよ」ということ。生きていれば、つらいことも、悲しいことも、悔しいことも、腹立たしいこともあります。そんなこと、誰にいわれなくたって、育つ中、生き続ける中で味わいます。

だからわざわざ、大人や親が強調して教える必要はないし、えらそうな顔をして「人生は厳しいものなんだ」なんて説教するのは無用なことだ、と私は思っています。

そんなことより、生きることを楽しめる・喜べる・豊かに味わえる心持ちや感受性をはぐくんだほうが、生きる力や才能が豊かになり、困難を乗り越えてさまざま挑戦する意欲もふくらむ、と私は確信しています。

ここに山があります。高い山です。でも、誰もが登る「人生という山」です。その山を登り始めたばかりの子どもに、あなたはどんなアドバイスをしますか？もしも、「この山は大変な山だ」と教えたらどうなるでしょう。

登り切れないほど急な坂が続いているぞ。
一歩間違えば、真っ逆さまの崖っぷちも歩かなければならないぞ。
怖い野生動物が襲ってくるかもしれないぞ。
気を抜いてみんなから遅れてしまったら、もう助からないかもしれないぞ。
山の上は風が強くて寒いぞ。

そんな脅しばかり受けて、それでも登らなければならない子どもの心中は悲惨です。できれば登りたくないというイヤイヤ感ばかりで、うつむいて、つらさと怖さと不安と戦い続けることになってしまいます。

私なら、こう教えます。


そりゃ山登りだもん、大変なところもあるさ。

汗もかくし、息も切れるときもある。

でも、たまらなくきれいなすばらしい景色が次々見られるよ。

空気も気持ちいいし、空が高くて大きいぞ。

怖い動物に気をつけるのは大切だけど、かわいい動物もたくさんいるよ。

寒くなったら、ほら暖かい上着があるから大丈夫。

たしかに高い山だけど、誰一人登れなかった人はいない「人生という山」だもの、心配いらないよ。

頂上で食べるお弁当は、すご〜くおいしいよ。

気楽にゆったり、自分のペースで登ればいいんだよ。


そうアドバイスします。

苦しさやつらさがあっても、楽しみや喜びに心開いて歩める意欲をふくらませてほしいからです。

子どもに伝えたい二つめは、「心地よく甘えながら生きよう」ということ。

それは「上手に迷惑をかけて生きよう」ということです。

常識外れな人だと思われるのを承知で、「生きるとは、上手に迷惑をかけること」と私はいい続けてきました。

お母さんたちはよく「この子には、人々に迷惑をかけない人間に育ってほしい」といいますよね。それを聞くたびに、

「それって小さく縮んで息をひそめて生きなさい、ってことだよ。そんなことをいっていると、子どもが生きられなくなってしまうかもしれないよ」

と私は本気でそう思うのです。

甘えて抱っこをせがむ子どもは、親に迷惑をかけています。でも、親が、抱っこするという「小さな迷惑」を心地よく受け入れると、子どもは「迷惑を受け入れてくれた親の心」に深い満足を感じて安らぎます。

地球の資源を使う。大地が生み出した植物や、大地にはぐくまれた動物を食べる。海の命をいただく。人間の社会はこの地球に「迷惑」をかけていますね。しかし私たちは、地球とすべての生き物に甘え、迷惑をかけながらでなければ生きられません。

上手に甘えることは、上手に迷惑をかけること。上手に甘えさせることは、気持ちよく迷惑を受け入れることです。

甘えていいんだよ。迷惑かけていいんだよ。
遠慮しないで、でも上手に。
君たちも、さまざまな命を甘えさせてやれるといいね。
小さな迷惑を気持ちよく受け入れられるといいね。
生きるってお互いさまなんだね。

子どもたちにそう伝えてやりたいですね。

誰にも迷惑をかけないで生きる。誰にも甘えないで生きる。それは孤立です。

甘え下手。それは孤独でつらい心の状態です。

「お互いさま」の気持ちで迷惑を受け入れながら生きる。上手に甘え合って生きる。たった一人の誰かに甘ったれるのではなく、たくさんの友達やさまざまな物事に、そのときどきに応じて適切に甘えて生きる。それが自立です。

自立とは、甘え上手な生き方のこと。

心の芯に親からたっぷりもらった愛を携えて、多くの人々や物事の力を借りながら自分の心を保てるようになることです。

case study

2

家ではいい子なのに学校では手に負えないリョウくんのケース

「この子は、学校にいると騒いだり教室から飛び出してしまったりして、先生からも〝手に負えない〟といわれてしまったんです。家ではいい子なんですけど」

初カウンセリングの日、リョウくんのお母さんは困り果てた表情でなげきました。

リョウくんは小学四年生。ギャングエイジといわれる年齢期。荒れる子は相当に荒れる時期でもあるのです。

「家では、夫も私も、いつも子どもの行儀に気をつけていています。もちろん行儀が悪かったりハメをはずしたりすれば見逃さずに注意するようにしています。ですから、家でのリョウはとてもいい子なんですよ。

なのに、どうしてなのでしょうか、学校に行くと困った子になってしまうんです」

そこまで聞いて私はほぼ確信しました。「ああ、それじゃあリョウくんが学校で困った行動をくり返すのも無理ないなあ」と確信したのです。

なぜって、甘えられる場所、ゆったりくつろげるのが本来であるはずの自分の家で、適切に甘えを許されていないし、くつろげていないからです。言葉を換えるなら、自分の家にいるときにこそストレスを背負わされ続けているのです。

ちょっとだらしない格好をしてみたり、部屋でゴロゴロしてみたり……そういうことは自分の家だからこそできること、許されることです。

人間、いつもいつも行儀よくきちんとしているのなんて無理です。大人だってそうですよね。

だから、自分の家では多少行儀が悪くても大目に見てもらえて甘えられている子どものほうが、家の外では行儀のよい折り合いのよい、本当の意味でのよい子になるのです。

逆に、家で甘えさせてもらえない子どもは、家の外で、甘えてはいけないところで甘えようとします。これは「甘ったれ」の典型です。

「家で行儀よくさせれば外でも行儀よくできる、甘ったれにはならないと思い込んでいたけれど、まったく逆なんですね」

お母さんは私の話に納得してくれました。

家は、子どもにとっての「港」です。港で心おきなく自由に安らげるからこそ、再び元気に港を出て行くことができるのです。

子どもにとっての「港」、ぜひ心地よい家にしてあげてくださいね。

part

3

どうすれば、もっとハッピーな子育てができるの？

甘えさせ上手な親になる7つのステップ

どうしたら「甘えさせ上手な親」になれるの?
なるほどね~ 常識だと思っていたことが
自分が育つ中で作られてきた「思い込み」かもしれないのね
その思い込みに縛られて子どもを甘えさせないでいると
ママ……
子どもを追いつめたり気持ちが見えなくなったり…
でもヒゲ先生 思い込みってなかなか消せないですよね
何しろ「甘えさせちゃダメ」って思い込んでたんだもの
はぁ~
そんなにすぐ子どもを上手に甘えさせられるかなぁ
イヤイヤ 大丈夫
自分がどんな思い込みを持っているか
その思い込みのせいで子育てにどんな影響が出ているか
それに気づくことはとても大きな進歩なんだよ
気づくだけで進歩?
そう! 多くの親たちは
自分の問題に気づかず過ごしているんだね

自分の問題に気づかないから子どもだけに注意を向け
子どもにばかり「進歩」と「解決」を求める
それが続くと…
自分の殻に閉じこもったり
誰もボクのことわかってくれない……
自分も他人も大切にできず
なんだテメー
ささいなことでキレるようになったり
親自身が自分と向き合い自分を受け入れ自分とうまくつき合えるようになれば
そうか…気づいた時から始めればいいんだ…
いつからでも遅くないのね……
必ず「甘えさせ上手な親」になれますよ
子どもも幸せに育っていくでしょう
よーし
やる気がわいてきた
えっと…
甘えさせ上手な親になるためにがんばるぞー!
がんばらなくても大丈夫!
次ページからは「甘えさせ上手な親になる7つのステップ」だよ!
子どもと一緒に楽しみながら少しずつ……ね

子どもの要求に「はい、いいよ」と応じる

あなたも私も、そんなに立派な親ではないのだろうと思います。まして、愛に満ちあふれた完璧な親なんかであるはずがありません。失敗もあります。行きすぎや不誠実だっていつものこと。

でも、「アチャー、またやっちゃった」と反省したあとに、子どもの心をやわらかく包み直せる力もあります。

だから大丈夫。あなたの子どもは「甘え上手な豊かな心」を培います。必ず、心地よく楽しい日々を歩む大人に育ちます。

大事なのは「信じること」です。

あなた自身を信じること。子どものすべてを信じること。

この世に生まれた命はみんな、誰にいわれなくても、ちゃんと「幸せな一生を生き抜きたい」と願っています。その「生命の摂理」を信じることです。

どんなに小さな子どもだって「自分をダメにすること」など選びたくありません。本当はみんな「自分にとってよいこと」を選びたがっています。

その子の心に本気ですっかりまかせれば、少しばかりの混乱を経ながら、必ず自分にとってよいことにたどりつきます。それが、私たちを生かし続けている「生命の摂理」です。

だから、子どもの願いや要求はさえぎらなくていいんです。「はい、いいよ」と、そのまま受け入れればいいんです。それが大原則です。

それまで甘え不足ですさんでいる心だとしたら「はい、いいよ」と受け入れられることに戸惑います。戸惑った次には、相手を試します。どこまで受け入れてくれるのか、本当にすっかり甘えさせてくれるのかどうかを確かめるかのように、ワガママいっぱいの身勝手をくり返します。

それでも信じて甘えさせていれば、しばらくのうちには落ち着きます。親の愛に安心して満足するから、行きすぎたワガママや身勝手はしなくなります。甘え下手だった心が甘え上手になるまでには、ちょっとばかり手間と時間がかかるのです。

抱っこをせがんできたら、そのまますぐに「はい、おいで」と抱き上げる。忙しいアレコレは後回しにして、その場ですぐに受け入れる。

「そんなことできるわけないじゃやない！」

今、あなたはムッとしているかもしれません。

「今すぐにそうしよう」なんて思わなくてもいいんです。「はい、いいよ」と、すぐにそのまま受け入れられるようになるかどうかは後回しにして、とりあえずは一つの知識として「どうやらそのほうがいいらしい」とだけ思うようにしてください。

これは本当です。すんなり甘えさせる子育てこそが「親にとってもっとも楽な子育て」であり「子どもの心が豊かに安定する子育て」です。

そんな「親子ともども楽で効率のよい子育て」の入り口にある言葉が、「はい、いいよ」です。

子どもが駄々をこねたらゆっくりと観察してみる

この子ったら、本当にワガママで手に負えない。いくら叱ったって、いうこと聞かないんだから！　いいかげんにしなさいよ！

きつい声で叱られれば叱られるほどに激しく泣きわめく子ども。大変だなあ、と思います。怒りがこうじれば、つい手をあげてしまうのだろうなあ。親子ともども悪循環にはまって苦労しちゃってるなあ、と思います。

駄々こねっ子は巧妙というか、悪知恵が発達しているというか、たとえば公衆の面前で親を脅迫します。たくさんの人々の目があるところで、床に寝転がって手足をジタバタさせながら「買ってくれなきゃヤダ〜！」と大声でわめきます。道の真ん中で一歩も動かず「抱っこ〜〜〜！」と泣きわめきます。

ここで負けたらあとあと、もっと大変なことになる。ここで甘やかしたら親として失格だ。お母さんたちは「子どものためを思って」ゆずらずにがんばるのかもしれません。

けれど私は、そんなお母さんの姿を目にするたびに「わざわざ苦労を招いているな」と思います。そう、まさしく「わざわざ苦労と厄介を呼び寄せている」のです。

子どもの心にも同情しますが、余計な苦労を呼び寄せてしまう親にも同情してしまいます。このままじゃ、長い将来にわたって際限なく続く苦労の種をまき散らし続ける結果になってしまうなあと思うと、胸が痛くなってしまうほどです。

カウンセリングルームでの私は、駄々こねの裏にある子どもの切実な願いについて、わかっていただけるまで何度でも丁寧に説明しています。

「買って～！　と駄々をこねてる子どもが、本当にほしがっているモノは何でしょう」

そうたずねると、お母さんたちはたいてい、こういいます。

「単に、お菓子なりオモチャなりがほしいだけだと思います」

「そうなのかな、本当にそうなのだと思いますか？」

私は子どもの心を思いながら説明を始めます。

「そのお菓子やオモチャが、本当に一番ほしいモノなのでしょうか。抱っこをせがむのにしてもそう。抱っこ〜！　とせがんで一歩も動かない子どもは、そんなに疲れてもいないのに、歩きたくない怠け心で甘ったれているのでしょうか」

子どもの様子を、冷静にゆっくり観察していると、そうではないことがわかります。子どもが本当にほしいのは、お菓子やオモチャではありません。抱っこをせがむ気持ちの裏にあるのは、歩きたくない怠け心ではありません。

その証拠に、お菓子やオモチャは買ってもらったあとには放置される場合が少なくありません。食べもしないで冷蔵庫にたまっているお菓子。買った日にはうれしそうにいじっているけれど、すぐに忘れられてオモチャ箱に埋もれてしまうオモチャ。

こんな説明を聞きながら、お母さんの顔は不服そうです。

「なんでそれが証拠なんですか？　そんな無駄なことをさせたくないからこそ、

駄々に負けないように、いうままには買い与えないようにしてるんですけど」

「いやいや、もう少しゆっくり考えてみるとおもしろいですよ」

私がくり返し説明する中でわかってもらいたい要点は、ほんのわずかのことです。

お菓子にしろオモチャにしろ、子どもがモノをほしがる心理の裏には、「そのモノに託して求める本当にほしいモノ」が潜んでいます。

本当にほしいのは、「お前のためなら喜んでしてやるよ」という親の思いです。モノにのせて差し出される親の愛です。

子どもが本当にほしいのは「愛されている印」です。

子どもに限らず、人の心というのは厄介なことに、何事につけても印をほしがります。

「愛してるよ」の印としての指輪やネックレスをほしがったりします。

どうしようもなくお金がないのなら、言葉と温もりだけで満足・納得できるかもしれません。けれど、お金はあるのに「指輪抜きの『愛しているよ』」だけじゃ大不満。「口先だけの愛なんか信用できない」と思ってしまうのも、人の心というものです。

子どもだけではありません。人の心が本当にほしがっているモノは「愛」です。「あなたの願いを満たしてやるよ」「あなたのことが大切なんだよ」という思いです。

その切実な欲求が叶えられないとき、人の心は混乱します。愛を求めながら満たされない心は、「かわりになる何か」によって埋め合わせをしようとします。けれど、かわりはあくまでもかわり。いくら手に入ったとしても満たされません。だから次から次へと、際限なくほしがってしまう悪循環にもはまります。

「この子は物欲の塊です」

何人ものお母さんから、その種のキツい言葉を聞きました。私はそのたびに「違いますよ」と話しました。

「子どもがほしがっているのは、モノじゃありません。愛ですよ。モノをほしがっているのではなく、モノに託される愛をほしがっているんですよ」

わかってほしい、と切実に願いながら話しました。

子どもを上手に甘えさせられなかったら「ゴメンね」と謝る

親の心は、多くの場合に次の原則に支配されています。

やってもらえたことはやれる。やられたことはやってしまう。

親は、いつも「子どものため」を思ってアレコレやってあげたりやらなかったりするのだ、と思いたがります。やってやるのもやらないのも、親の都合ではなくて、子どもを愛するがゆえの配慮の結果だと考えたがるのです。

もちろん、本当に「愛するがゆえの配慮である場合」もあるのでしょうけれど、「愛を言い訳にした親の身勝手である場合」も多いようです。

小さいころからたっぷり抱っこしてもらえる子ども時代を過ごした人、親が抱っこすることにケチではなかったラッキーな人は、自分が親になったときには自然にたっぷりわが子を抱っこできるようになります。

逆に、小さいころから抱っこを拒まれがちな子ども時代を過ごした人、親が抱っこにケチだったアンラッキーな人は、自分が親になったときにはわが子の抱っこへの要求を拒みがちになります。

親から理不尽に叩かれて育った人は、ついわが子を理不尽に叩いてしまいがちです。

認めがたく厳しいことではあるけれど、私たちの心はその種の「単純反復」を重ねてしまうものなのです。

この種の「世代間連鎖」の傾向は、あらゆる場面で強くあらわれがちだということに気づいておいたほうがよいでしょう。

つまり、あなたがわが子を甘えさせられない親だとしても、それはあなたのせいではないということです。あなたは親にされたままをしているのであり、親にやられたことをしているだけなのです。

頭では「子どもの甘えを受け入れたい」と強く思っているのに、ついつい甘えを拒絶してしまう自分がいる。「この子には私の子ども時代と同じ思いはさせたくない」と切実に願っているのに、同じ思いをさせてしまっている自分がいる。頭では痛いほどわかっているのに感情が応じてくれない、もどかしく心痛い葛藤を味あわざるを得ないのも、親という役割なのだと思います。

けれど、もし今あなたが「甘えさせてやりたいのに、つい拒絶してしまう自分」に気づけているのだとしたら、ラッキーですね。それは、もっと豊かに愛せる親になりたいと願っていればこそのこと。葛藤を乗り越えて自分を成長させたいと考えているからこそのことです。

あなたが、今はまだ甘えさせ下手な親であるとしても、それはあなたのせいではありません。あなたは「された通り」をしているだけなのです。

この事実を胸に置くのは大事なことです。責任を回避するためではなく、自責が招く悪循環から離脱するために、「そうか、私のせいではなかったんだ」と気づいておくことが大切だからです。

「私は甘えさせてもらえなかったのに、なぜ私はこの子を甘えさせなければならないのか。そう思うと悔しくて、苦しくて、ついイラ立って子どもに当たってしまう」

こんな言葉を、とてもたくさんのお母さんたちから聞いてきました。たっぷり愛したいのに愛せない。許したいのに許せない。みんな悔しがり、悲しんでいました。

「まずは、そんな未熟な親である自分を許すことから始めましょう。大丈夫。ちゃんと甘えさせ上手な親になれますよ」

「本当に、甘えさせ上手になれるでしょうか」

「ええ、大丈夫。なれますよ」

そこを出発点として、「甘えさせ下手」から「甘えさせ上手」へと一歩ずつ歩み続けてゆけるのは、親ならばこその愛の力あってのことなのだと思います。

ここで小さなコツを一つ。

もしも子どもの甘えを拒んでしまった自分に気づいたなら、その場ですぐにではなくてもいいから、でも時間がたちすぎないうちに「ゴメンね」をいうようにするといいですよ。

さっきは抱っこしてあげなくてゴメンね。
つい強く叱りすぎてしまってゴメンね。
叩いてしまってゴメンね。
イジワルしちゃってゴメンね。

「ゴメンね」は、親としての失敗に痛みを感じている自分の心も、傷ついている子どもの心も、ともになぐさめてくれる癒やしの言葉です。

小さな「ゴメンね」も、積もり積もれば大きな力になります。愛を深める力、子どもの心を歪めさせない力にもなります。

親が子どもに謝るということに、抵抗を感じる人も少なくないはずです。けれど、これはとても大事なこと。抵抗を乗り越えて「ゴメンね」といえるのは、親としてもっとも尊い愛の表現なのかもしれません。

甘えさせ上手な親になる7つのステップ4

子どもが親になった「未来」から「今」をながめてみる

「私の母は、私にはすごく厳しかった。体罰もありました。ほとんど甘えさせてくれなかった。我慢ばかりさせられました。

だけど孫には甘いんです。私にはあんなに厳しくて冷たかったのに、私が子どもに厳しくすると、あいだに入って邪魔します。裏で甘えさせています。

私、悔しくて。私には厳しいだけだったのに孫を甘えさせる母を許せなくて、だからなおさら子どもに厳しくなってしまうんです」

こんなふうに、本当に悔しそうにいうお母さんが少なくありません。

母親に比べたら、おばあちゃんはお気楽な役割。それだけに、ゆとりを持って子どもの心を受け入れられるのです。きっとあなただって同じ。あなたがおばあちゃんになった未来には、あなたも母親・父親になったわが子にいっているかもしれません。

「そんなに厳しくしないで。ほら、もっと楽にゆとりをもって子どもの心を考えてやったほうがいいよ」

おばあちゃんになったあなたは、しみじみ後悔しているかもしれません。

ああ、もっとやわらかい気持ちでこの子を育てておけばよかった。そしたら、こんなきつい母親・父親にはならなかっただろうに。私が孫を思って心を痛めることもなかっただろうに。ああ、もっとこの子を甘えさせてやればよかった。

後悔先に立たずというけれど、こうして未来の情景を想像してみれば、悔いも先に立ちますね。自分の子どもがそんな親にならないように、上手に甘え受け入れたほうがよいと思えます。

あなたの子どもは、成長して親になったとき「親にされたままをする親」になっているのです。

想像してみましょう。

今のあなたは、わが子に対して「甘えさせ下手な親」なのかもしれないのに、いつか会うことになる孫を思うだけで「甘えさせ上手の心」がムクムクと頭をもたげてはいませんか？　不思議なことですね。

でも、このあたりの心のカラクリはけっこう簡単。私たちは、わが子というもっとも身近な者には甘ったれやすく、わが子ほど身近ではない者への甘ったれは避けようとする傾向があるからです。

理解しにくいことかもしれませんが、甘えさせるべきわが子の甘えを拒むのは、親自身の「甘ったれの心理」です。

わが子がことさら悪いことをしたわけでもないのに不機嫌に突き放すのも、わが子を過剰に叩いてしまうのも、わが子になら許され見過ごしてもらえると思えばこその「甘ったれ行為」です。

ごく普通に常識を保って生きている人なら、近所の人に対して理由もなく不機嫌につっけんどんな態度をとることなどできませんね。まして、さしたる理由もないのに感情的になって叩いてしまうなどという暴挙には出ません。

相手を尊重しているからであり、つまらぬ形で甘ったれたら人品を疑われてしまう、失礼を重ねればつき合ってもらえなくなってしまう、と承知しているからです。

わが子には過剰に厳しくしていた人が孫には甘くできる心理の裏にも、同じカラクリが潜んでいます。わが子よりも距離のある孫には甘ったれないからこそ、ちゃんと目上の者として小さな心を甘えさせる配慮ができるようになるのです。

ついイラ立って、激した感情を自分だけでは処理できずに子どもにぶつけてしまう。それは子どもの心を感情のゴミ箱にしているようなものですね。自分では処理できないイラ立ちという「ゴミ的感情」を子どもの心に投げこんで処理しようとしてしまうのです。

他人にゴミ的感情を投げつけようものなら即座に投げ返されてしまうだろうけれど、わが子なら文句もいえずに飲み込んでくれると知っていてのことです。

親って、いや親だからこそ、ずいぶんひどいことをしてしまうものですね。

もう一度、想像してみてください。

あなたの子どもが親になったとき、あなたの孫を「感情のゴミ箱」にしているのを目の当たりにしたら、あなたはどう思うでしょう。どれほど心を痛めるでしょう。孫も子どももかわいそうでならず、自分のしてきた子育てを悔いても悔いても足りないほどに後悔するに違いありません。

親というのは「子どもの思いを包む者」「子どもの処理し切れぬ感情を吸い取ってやる者」のことです。それが「甘えさせる」ということの本質です。さびしくなって抱っこをせがむなら、抱っこしてさびしい思いを包みこんでやる。悔しかったり、悲しかったり、イラ立っていたりする子どもの感情を、静かにさするようにして吸い取ってやる。それが親としてのもっとも大切な役割です。

そんな「甘えさせ」ができないばかりか、逆に子どもの心を親の感情のゴミ箱にしてしまうのは、「甘ったれ」です。

子どもを甘えさせてやりましょう。必ず甘えさせ上手な親になります。甘えさせ上手な親になるばかりでなく、世間との折り合いもよく、社会や人々の力を上手に適切にいただきながら幸せな人生を築き続ける人になります。子どもに「人生っていいものだよ。生きるのは楽しいよ」と伝えられる親になります。

「甘え上手」は「生き方上手」でもあるのですよ。

子どもの心に添いながら選択肢を整理する

ワガママをやめられない子どもの心は混乱しています。駄々をこねて感情がおさまらなくなっている子どもの心は、一種のパニック状態です。自分の願いや欲求を通そうとしているよりも、自分の中で渦巻く感情の嵐に翻弄されている姿です。

そんなときの子どもは、親がどのように配慮し対応しても、おさまらないかもしれません。そんなときの子どもが口走る要求は、本当の望みとは違ってしまっているとみたほうがよいでしょう。

だからといって「この子の望みはこうに決まっている」とか「こうしてやるのがこの子のためだ」と決めつける形で対処するのは損です。子どもの心はますます混乱し、おさまらない感情にさらに翻弄されて、いよいよ収拾がつかなくなってしまいます。

上手な対応のコツは「ゆっくりと、子どもの心に添って」です。

親が忙しかったり面倒だったりするのだとしても「早くしずまらせよう」として対応してしまうと、そのときはおさまったように見えるとしても、あとあとの根深く厄介な問題の原因になってしまう危険があります。


ところで、「心に添う」とは、いったいどういうことなのでしょう。

あなたはどう思ってるの？

あなたがほしいのはコレでしょ？

あなたはこうしてほしいんでしょ？

どうせ、ほしいのはアレでしょ？

どうして、さっきと今とでいうことが違うの？

ほら、ちゃんと自分の思ってることをいいなさい！

このような問いかけ――いや「問いつめ」になりがちですね――を重ねたとし

て、子どもの心に添うことができるでしょうか。子どもが「本当の本心」を表現することができるでしょうか。

「ゆっくり」が大事なのは、子ども自身が自分の「本当の本心」に出会えるのを待つためです。ゆっくりゆっくり、とてもたっぷりと待ってやらなかったら、子どもは自分の「本当の本心」に気づけません。駄々こねやイラ立ち、怒りなどの感情の嵐が「本当の本心」を覆い隠してしまうからです。

感情の嵐が本心を覆い隠してしまう状態なら、あなたにも体験があるでしょう。やわらかく包まれたくて夫に気持ちを差し出したのに、無視されたり拒絶されたりしたとき、あなたの心は乱れるはずです。

ときとして「愛されたい」という本心は激しい感情の嵐の底に沈んでしまい、まったく逆の「こんな人、大嫌い」「だったら離婚したっていい」といった極端な感情が噴出してしまうことだってあります。

そんなとき、夫が問いつめや反論をしないで嵐がしずまるのをゆっくり待ち続けてくれたら、あなたの心にはいつしか本当の本心が浮かび上がってきます。そして、静かな声で「あなたに包まれたかっただけなの」と伝えられるようにもなります。

自分ですら気づけないことがあるのが、本当の本心。大人だってそうなのだから、子どもではなおさらのことですね。

ゆっくりゆっくり心に添う。それは感情の様相が変化するのを見守りながら、感情がどこかに流れ着くのを待つことです。心の流れを感じ取りながら、流れを見守りながら、流れの脇を「ともに歩む心持ち」といい換えてもよいでしょう。

慣れないうちは、手間のかかる作業だと感じるかもしれません。時間がかかりすぎると思うかもしれません。叱りつけたほうがその場はおさまりやすくて手っ取り早いのに、悠長すぎるとも思うでしょう。

けれど一度、二度、三度と試みてみれば必ずわかります。子どもが、次第に上手に折り合うようになってきます。混乱からの脱出が早くなり、親の思いにもちゃんと応じようとする様子が見えてきます。

そのときあなたは実感するはずです。へえ、子どもって案外物わかりがいいじゃないの、と気づかされるはずです。

うちの子はそんなに甘くない？　だから厳しくするしかない？

本当にそうなのでしょうか。

「親とは厳しく制限し、強く叱咤する者だ」と、一度でも体感したことがある子どもは、親に対してつい身構えるクセがついてしまいます。身構える。それは意地になること。意地になった子は、扱いにくい、いうことを聞かない子でありがちです。

こうしてくれなきゃイヤだ！　コレ買ってくれなきゃイヤだ！　アレじゃイヤだ、コレでもイヤだ、何がどうでもイヤだ〜ッ！　と子どもが手に負えなくなっているとき、試してみてください。

そうなんだ、こうじゃなきゃイヤなんだ。

買ってくれてもイヤ、買ってくれなくてもイヤなんだ。

アレでもコレでもイヤで、なんでもかんでもイヤなんだ。

そりゃあ困ったね。どうしたらいいだろうね。

ゆっくり待ってるから、少しずつ考えてみようね。

それでも「イヤだ攻撃」はおさまらないのが普通です。感情をさえぎられないことで、なおさら激しくなるかもしれません。けれど必ず、しばらくのうちにはしずまり始めます。

親も疲れるけれど、子どもはもっと疲れます。全身全霊のイヤだ攻撃は、そう長く続けられるものではありません。そのうちしゃくり上げながら「本当はアレがいい」とか「今日はコレだけでいい」とか折り合いをつけ始めます。

抱っこをせがむのだって同じです。

道路に座りこんで「抱っこしてえ〜！」とこれみよがしに泣き叫んでいる子。親が子どものそばに座って、背や頭をなで、なぐさめるようにしながら「どうしたの？　疲れちゃったのかな？」と穏やかに語りかければ、かん高かった泣き声も低くなります。

さらにしばらく心に添って見守っていれば、次第に表情を和らげていきます。そして、きっと最後には、小さな手をお母さんに包まれながら、トコトコと自分の足で歩き出したりするのです。

心がゴチャゴチャになっている子どもは、何もかも満たされなければイヤだといい張ります。けれど心が落ち着くにつれて、何もかもでなくてもいいと思えるようになります。

子ども自身が自分の欲求を整理できたところで「じゃ、どうするのがいい？一つにしてほしいな」と語りかけられるまでを待つ。それも大事な甘えさせです。

そうそう、要求をあまり表に出さない、おとなしくて我慢しすぎるタイプの子にも、同じ方法を試みるといいですよ。

アレにもコレにも「いらない」とすねる子、遠慮する子にも、「そうか、いらないのかな？」と語りかけながら「本当の本心」が浮かび上がるのを待ってやりましょう。

すると「あ、本当に私・ボクの思いを受け入れてくれるみたいだ」と感じてくれるようになります。

それからそっと「だったら、アレでいい」と、願いや要求の片鱗を見せるようになるのが、自己抑制の強すぎる子に「上手な甘え」を芽生えさせる方法です。

最後の判断は子ども自身にすっかりゆだねる

私にとって忘れられないエピソードの一つ。

おいしい匂いが立ちこめるパン屋さんに、お母さんと小さな女の子の二人連れがやってきました。

お母さんは姿勢を低くして、女の子に「どれでもいいから、ほしいパンを一つ選びなさい」といいます。女の子は「うん」とうなずいて、焼き立てのいい匂いを立てるパンが並んだ棚をながめ歩き始めました。

コレにしようかな。アレにしようかな。コッチもいいなあ。でも、アッチも食べたいなあ。うれしくて困っちゃってる女の子。お母さんはその子のことはその子にまかせて、パンをいくつか選んでレジに行き、会計をすませました。

女の子はなかなか決断できません。お母さんはただただゆったり待っています。女の子はお母さんの顔を見ます。お母さんは小さくほほえんで「思うように選びなさい」と目で伝えます。

女の子がやっとのこと一つのパンを選び取るまでに、一五分ほどの時間がかかりました。

その一つを手にした女の子は、お母さんのところへ行って「これにした」といいます。お母さんは「そう」とうなずき「おいしそうなパンを選べてよかったね」といいながらお金を手渡しました。

女の子はお母さんにもらったお金とパンを持ってレジに並びました。ニコニコしながらレジでお金を払い、パン一個が入った小さな袋を手にした女の子は、お母さんと楽しく笑い合いながら、お母さんの手に引かれてパン屋さんのドアを開けて出て行きました。

以上は、たった一度、どこかで耳にしたエピソードです。

私はこのエピソードを、たくさんの方たちに伝えてきました。子どもを、折り合い上手で、元気に楽しく生きられる子に育てるうえで、とても大切なコツを読み取れるエピソードだからです。

たった一つのパンを選び出すまでの長い時間。それは、忙しい大人にとっては単なる無駄であり、待つのは耐え難い時間なのかもしれません。それなのに穏やかな微笑で待ち続けたお母さん。

このお母さんは、「長い時間」が子どもの心をよりよく成長させるために不可欠であることを知っていたのです。

この女の子は「迷い」を体験しました。迷いは時間をかければ解決できることを学びました。お母さんは迷いの時間を許して待ってくれることも学びました。「自分が選んだモノ」は、「そう」の一言ですんなり受け入れてもらえることも学びました。女の子はそれらすべてを体感する中で、「自分で選んで自分で決定できる自信」をはぐくみました。

この女の子は成長過程のさまざまな場面で、同様の体験を幾度も重ねることでしょう。そのたびに、彼女の自信はより大きく深く豊かにはぐくまれるはずです。

以上のエピソードとは正反対の「自信を損なわれる体験」を重ねさせられている子どもの姿なら、私は数知れず目撃してきました。

たとえばファミレスでのこと、小学校高学年の子が、お母さんの不機嫌に耐えながらメニューをながめています。

「早くしなさいよ。どうせ○○食べるんでしょ。まったく、あんたって昔からグズだからね、自分の食べたいものさえ決められない。そういうのを優柔不断っていうのよ。お母さん、そういうのって大嫌い」

子どもはムッと押し黙ったまま、メニューを見つめています。

「もうイヤんなっちゃうなあ。ほら、メニューよこしなさいよ。もうお母さんが決めてあげるから！」

子どもは強情になっています。メニューを手渡そうとしません。

「まったく……、あんたっていつでもそう。昔からそう。お母さんが決めなければ、何にも決められない。ほら、もういいでしょ！　注文するからね！」

ウエイトレスがやってきます。お母さんはサクサクと自分の分を注文し、子どもをにらみつけています。ウエイトレスはひたすら待っています。たぶんほんの一〇秒あまりの不愉快な間。

お母さんはついにしびれを切らし、結論を出しました。

「もういい！　あんた食べなくていい！　いつまでもそうやってフテくされてればいいよ！」

それから声色を変えてウエイトレスにいいます。

「すいませんねえ、待たせちゃって。注文、さっきのだけでいいわ。この子、食べたくないみたいだから。もうメニュー片付けてくれていいですよ」

子どもの目から涙があふれます。敗北感に打ちひしがれながら、ウエイトレスにメニューを手渡します。とうとう選べなかった自分、決められなかった自分、お母さんに受け入れてもらえなかった自分に落胆し、すでに縮んでいた自信がもっと縮んでしまいます。

自分自身で選ぶ力、決定する力をはぐくまれなかった子どもの悲劇です。

パン一つを選ぶまでをたっぷり待ってもらえる子は、成長するにつれて迷う時間が短くなり、自信を持って自分の思いに添って選択できるようになります。

待つのが苦手なお母さんが、いつも先回りしてする「決定」や「命令」「押しつけ」に従わざるを得ないまま過ごしてきた子は、自我を確立しようとする思春期にさしかかっていよいよ困惑します。自分で決めたいのに決められない。決めさせてもらえない。なんとか自分で決められるようになりたいのにチャンスを与えてもらえない。お母さんから見れば、「親を困らせてばかりの折り合いの悪い子」になってしまうのです。

自分自身で選び決定する力をはぐくめていない子。それは「自分自身の人生を生きられない子」です。

子どもが選べるまでを待てないお母さん、待たずに先回りをして子どものことを決めてしまうお母さんは、子どもの能力や社会性をつぶし続けるお母さんです。厳しい意見でしょうが、「そういうものなのか」と受け止めていただけるなら、あなたの子どもの未来はずいぶん明るくなるはずです。

「選ぶ力」を育てられるのは「待てる心」。「自信」を育てられるのも「待てる心」。待つという「甘えさせ」に恵まれて育つ子は、ワガママ勝手で周囲を困らせたりしない人になります。

息を深めてゆったりと心地よい心の状態をつくる

不機嫌というのは人生のあらゆる場面で「損」を招きますが、親の不機嫌ときたら、親自身の損を積み重ねるだけでなく、子どもの人生にも損を積み重ねる結果になるのですから、まったくもって見事な大損です。

カウンセリングにやってくるお母さんたちも、それはわかっています。不機嫌はイヤなのに、どうしても不機嫌になってしまう自分に手を焼いているのです。

「ええ、子どもの心に寄り添うことがどれほど大切かはわかっています。充分に寄り添えないまま、親の都合を押しつけ続けてしまったら、将来に大変な課題を突きつけられる結果になることもわかっているつもりです。

けれど、わかっていても、自分の中から沸き上がる不機嫌に負けてしまいます。

頭ではわかっているけれど、感情が応じてくれない。頭の思いを感情が圧し倒してしまう。そのくり返しで後悔してばかりいるなんて、ほんとダメ母です」

いやいや、ダメ母じゃないですよ。

私はなぐさめではなく、本当にそう思うからそう伝えます。いろいろ課題はあるけれど、でもそれなりの親子をやりながら子どもが育ってきたのだから、ちっともダメじゃない。

ただ、ちょっとばかり「やり残し」を重ねてしまっているだけです。

「わかった、じゃ、やり残しの埋め合わせをしてみよう!」と思うだけで、子どもの様子も自分の気分も、あれれ、と思う間にどんどんよい方向に変化してしまいます。

ああ、また叱りすぎちゃったな。また待ち切れなかったな。またあの子の思いを受け止められないで、こっちの思いを押しつけてしまったな。

そんな「ミス」をしてしまうときには必ず、息が上がっていますね。頭に血が昇り、肩に力が入っています。

私たちの心がゆとりを失って「こんなことはしないほうがよい」とわかっていることをやってしまうときには、必ず息が上がり・頭に血が昇り・肩に力が入ってしまっています。

じつはこの「息が上がり・血が昇り・肩に力が入っている」ことこそが、甘えさせ下手の元凶であり、子育て失敗の温床です。

だとしたら、解決法はずいぶん簡単です。呼吸を深くすれば、すべてがよい具合に展開するようになるのではないか。そう思いませんか？　少なくともその可能性はあるだろうと思いませんか？

上手によい子育てができるかできないかのカギを握っているのは、明らかに「息の深さ」です。息の深さこそが勝負の分かれ目です。

少々乱暴で抜けたところのある子育てだとしても、親の——とくにお母さんの——息が深く安定していれば、後悔せずにいられないほどの失敗子育てにはなりません。

あなたも気づいたことはないでしょうか。

息の深い人のそばにいると心地よいですね。ゆったりくつろいでいられます。

それは「適度に甘えられている状態」といってもいいですね。

逆に息の浅い人のそばにいると、なんとなく落ち着きません。「アラアラ、この人どうしたんだろう？　なんとかしてやらなくちゃ」と気遣いせずにいられなくなります。だからどうしたって疲れてしまいます。

愛が豊かな親心って、じつは「呼吸の深いゆったりとした親の態度」のことなのかもしれません。そんな親心を、あなたもはぐくめるといいなあ、と思います。

愛が豊かな親心をはぐくむ手立ては、意外に簡単。深呼吸をすればいいだけです。深呼吸を日々の習慣にしてしまえば、心のゆとりは自然にふくらみます。子どものアレコレにイライラしたり焦ったりしない親になれます。

ただし気をつけてください。深呼吸のコツは、大きく息を吸うことではありません。これは大間違い。深呼吸のポイントは「ゆったり深く息を吐くこと」です。

試してみましょう。

1 まずは楽にくつろいで座ります。

2 目を閉じます。

3 無理に深くしたりゆっくりしようとはしないで普通に呼吸します。
4 息を吐くときに「ひと〜つ」と、心の中で声に出す気分で数えます。
5 次に吐くときもその次に吐くときも、ずっと「ひと〜つ」と数え続けます。
6 しばらくのうちに、いつもよりもゆったり楽に呼吸している自分に気づけます。
7 呼吸が楽になると、胸のあたり全体が楽になっていることにも気づきます。

以上は、私がいつもクライアントのみなさんにレクチャーしている「ブリーフ・リラクセーション」と呼ばれる心身安定法の要点です。とても簡単なリラックス法ですが、これを続けていれば、深くて心地よい瞑想状態を体験できるようにもなります。

子どもの何かにイラッとしたとき、すぐに叱ったりお説教したりするのはやめて、目を閉じて、吐く息を「ひと〜つ」と数えてみてください。一回、二回、三回と息を吐くうちに、自分の心が変化するのに気づきます。

四回、五回、六回と息を吐いたころには「まあ、いいか。今回は見過ごしてやろう」と思えるようになっているかもしれません。

一〇回くらい「ひと〜つ」をくり返しても、せいぜい一分ほどです。

それから目を開いて、子どもの様子に目をやってみてください。イライラ感や怒りはずっと小さくなっているはずです。叱ったりお説教したりしてしまうかもしれないけれど、言葉の調子や表情はいつもよりずっと穏やかになっているはずです。

そんな親の姿を、子どもは「してやったり。親なんて甘いな、チョロイな」となめた気分で見るでしょうか。そんなことはけっしてありません。

「あれ、どうしたんだろう。いつもよりやさしいなあ。私・ボクの気持ちをわかってくれようとしているな。大騒ぎして駄々こねなくても、ちゃんと私・ボクによいように考えてくれるみたいだな。だったら安心しよう。お母さん・お父さんがいってることを、もうちょっとよく聞くことにしよう」

そう、親の心のゆとりが、子どもの心にもゆとりをふくらませるのです。

親子関係の好循環は「息を深めた心地よさ」から始まります。それこそが「楽で効率のよい子育て」を実現する土台です。

「甘えさせ上手な親」になる
7つのステップ

step 1
子どもの要求に「はい、いいよ」と応じる

step 2
子どもが駄々をこねたらゆっくりと観察してみる

step 3
**子どもを上手に甘えさせられなかったら
「ゴメンね」と謝る**

step 4
**子どもが親になった「未来」から
今」をながめてみる**

step 5
子どもの心に添いながら選択肢を整理する

step 6
最後の判断は子ども自身にすっかりゆだねる

step 7
息を深めてゆったりと心地よい心の状態をつくる

あなたには、愛という力があります

このごろの子どもにさまざまな問題が続出しているのは、親が甘いからだ。親がもっと厳しく毅然として接しなければ、子どもはますますダメになってしまう。

多くの人がそう思っています。テレビのコメンテーターなどの中にも、ことあるごとにそのような発言をする人がいます。

私はそうした意見を耳にするたびに「違う。違うんだよ」とつぶやきます。

「子どもたちをめぐってつらい出来事が続出しているのは、親がわが子を甘えさせられなくなってしまったからなんだよ」と。

ここまでこの本を読んでこられたあなたには、もう、その理由がわかりますね。

「甘えさせること」とは、「愛すること」です。

私たち人間の心は、愛されなければすさみます。愛されなければイラ立ちます。愛されなければ怒ります。愛されなければ憎み恨みます。愛に餓えた心は折り合いが悪くなり、他人への配慮ができなくなります。愛されない心はストレスに弱くなります。互いを傷つけ合うだけの悲しい攻撃をくり返すようにもなってしまいます。

愛されないがための悲しい攻撃性。でも、それが周囲に気づかれる形でくり返し表面化しているなら、悲劇には結びつきにくいですね。「あの子は手がかかる。厄介ばかり起こして、しょうがない子だ」とみんなに迷惑がられながらも、その都度、さまざまな対応をされます。曲がりなりにも周囲とかかわり続けます。そのおかげで、大事件を引き起こしてしまうほど「大きな攻撃エネルギー」はたまらないで過ごすこともできます。

悲劇を招きかねないのは、周囲にそれと気づかれないまま、静かにひそかに蓄積され続ける深く淀みすさんだ攻撃エネルギーです。

おとなしい子だったのに。目立つ子ではなかったのに。親や大人に逆らわないイイ子だったのに。その子が、なんでこんな出来事を引き起こしてしまったのだろう。

こういう子どもの心が理解できないとあきらめる、そんなときに便利な逃げ道として使われる常套句が「心の闇」です。

本当は、あまりにも愛されなかった心が必然的に引き起こした暴発なのに、愛されなかった心の悲しく激しい怒りは、「心の闇」という言葉で区切られた壁の向こうに放置されてしまいます。

すさんだ怒りは「激しく歪んだ甘ったれ行動」として表面化します。身勝手、暴言、暴力など、周囲や社会に「厄介な迷惑」をかける行動は、甘えられなかった心がたどりつく、悲しく痛ましい結末です。

あなたには、「甘え」を受け入れる「愛」という力があります。

あなたのすぐそばで生きてくれている小さな心を、悲しく痛ましい結末に向かわせない力があります。

この世界を生きていくのは心地よく楽しいことなのだと、子どもの心に伝えられる力があります。

あなたには「愛」という、すばらしいすごい力があるのです。

そのことを、けっして忘れないでください。

甘えさせられないあなただっています。イラ立ちや怒りに翻弄されてしまうあなただっています。わかっていてもうまくできない。それでもいいんです。

けれど、ふと気づいて息を深めたときには「甘えさせられる愛」をふくらませているあなたがいることを、けっして忘れないでください。


子どもはもともと愛に満ちた存在です。

親が与えてくれた愛を、何倍もの大きさにして返してくれる愛。

親が犯した過ちを、広い心で許してくれる愛。

そんな子どもと愛を交わし合うことで、あなたの愛の力はますます力強く、大きなものになっていくでしょう。

自分と子どもに授けられた愛の力を信じて、これからますます幸せな子育ての日々を送ることができるよう、心から祈っています。

case study

3

子どもを怒鳴りつけることをやめられないケイコさんのケース

「もう、どうしていいのかわかりません」

そういって目に涙をにじませたケイコさんは、七歳と三歳の娘を持つお母さん。毎日何かにつけて子どもを叱りつけ、ときには手をあげたり蹴りを入れてしまうこともあるといいます。

「こんなことしちゃいけないと思っても、いったん怒鳴り始めると、もう感情が止まらないんです」

いざ堰を切るとなかなか止められないのがこの種の感情です。

「キレそうになったら、まずは息を深めるといいですよ。で、できるだけ穏やかな口調でたしなめるクセをつけましょうよ。

それと、何にでも文句をつけるのはやめて、大事な一つだけを叱るくらいがちょうどいい折り合いどころだと思いますよ」

私のいい分に、ケイコさんは納得できない面持ちでした。

「私は、私の母親にそんな配慮はしてもらえませんでした。なのに、どうして私はそんな我慢をしなきゃならないのですか？」

ケイコさんは厳しい母親のもとで、ときには体罰を受けて育ったのだそうです。親に心から甘えることができなかったのですから、わが子を甘えさせられないのも無理ありません。

問題の原因が自分の育てられ方にあると気づいたケイコさんは、母親と距離を置くことにしました。会うたびに葛藤をくり返してきた母親と離れてみると、次第にゆとりがふくらみ、子どもにゆったり接することができるようになってきました。

つらい生育の歴史のために「甘えさせ下手」になってしまったケイコさんも、きっと愛を豊かに交わし合う子育てを楽しめるようになるはずです。

おわりに

私は、信州の白馬と小谷が大好きです。だから「仕事だよ」と言い訳しながら、年に何度も訪れます。

白馬と小谷を味わうたびに、私は自分の息が楽になるのを感じます。こわばった心がゆるんで、肩の力が抜けて、体全体がふわっとゆるむのを感じます。少しばかり傾いていた機嫌が持ち直すことにも気づきます。

私にとっての白馬・小谷は、私の中に息づく「愛」をふくらませてくれる妙薬です。あの大気、あの景色、そして白馬・小谷の知己の人々の姿を思い出すだけでも、私の中の愛はふくらみます。

そんな白馬・小谷への行き来の途中に大好きな美術館があります。子どもの切ないほどのかわいらしさ、母のやわらかい豊かさを、見事な水彩でたくさん描いてくれたいわさきちひろさんの美術館です。

数年前、私は若い人々数人とともに「安曇野ちひろ美術館」を訪れました。その前にもそのあとにも訪れていますが、あのときがもっとも強い印象を残しています。さまざまなことがあって、どう生きたらよいかを模索し続けている若いみんなが、ちひろさんの絵に見入る姿が忘れられないからかもしれません。「もっと愛されたい。包まれたい」とうめく心を抱えながら、自分の中の愛を培いながら、一生懸命に成長しようとしている若者たちでした。

あの日、私はちひろさんが記した文の中に、次の一節を見つけました。

大人というものは　どんなに苦労が多くても
自分のほうから　人を愛していける人になることなんだと思います

一九七四年に五六歳で他界したちひろさんが、一九七二年に記した文の一節です。私はこの短い一節をメモしながら胸が熱くなりました。

そうだ、そうだ、本当にそうだ。そうできる大人に少しでも近づきたい。そう願いました。

かつて、日本の子育て文化はとても豊かだったようです。この「かつて」は百年以上も前のこと。経済発展が国の最重要項目と位置付けられるよりも、はるかに前のことです。

かつての日本の「子育て文化の豊かさ」は、たとえば『江戸の子育て』(中江和恵著・文春新書)にも適切に記述されています。

私は同書を読んだとき、「ああ、日本は失い続けてきたのだな」と思わされました。

失い続けてきたのは「子どもの相手をたっぷりできるゆとり」であり、「子どもという存在を全身で喜んで受け止められる大人の心」です。

でも、やっとのこと私たちは、生きる楽しさ・おもしろさを味わおうとする心持ち、子どもとたっぷりつき合えるゆとり、やわらかく愛し愛される日々を、それらを大事にできる生活文化というものを取り戻そうと模索し始めたように思います。

最後に、心理カウンセリングルーム「ハートピット」の同僚・山口成子さんと、さまざまな力を寄せてくださったすべての方々への感謝を記させていただきます。ありがとうございました。

本書を、私の宝である娘二人と息子に捧げさせていただきます。

子育てに役立つ言葉

※山崎雅保のツイッター(@heartpit_hige)より抜粋

たしかなのは、親は子を尊重したほうがよいということ。親が子を尊重すれば、子も親を尊重します。尊重と尊敬。どっちが好ましいかといえば、ぼくにとっては、尊重。尊敬は上下感を、尊重は対等感を、思わせますから。

子をほめる。ここまで生き育ってくれたことをほめる。そこにそうして生きていてくれることをほめる。これからを生きようとしていることをほめる。

生きてくれていてありがとう、とほめる。わが子ももちろん、子どもはみんなありがたいですね。

子にいう「あなたのためを思って」の背景には、「私の価値観の範囲、私の人生観の範囲、私の世間体の範囲、私の許容量の範囲において」がデンと居座っています。だから「あなたのためを思う」親は、子の心の健やかな発達を妨げ続けてしまうのです。あなたのためを思うなら、まかせるのが基本ですね。

アレしなさい、コレしなさい、アレしちゃいけない、コレもダメ、と支配・干渉の中で育つ子は、自分の生き方に誇りを持てません。すべからく親や他者のせいにしてしまう傾向も強まります。大枠においてまかせる。指示は最低限。干渉は控える。自分の責任で判断・選択させる。それはもっとも厳しい育て方です。

「甘えさせ」が苦手な親は「甘やかし」に逃げます。「甘やかされ」傾向が強い子は「甘ったれ」になっちゃいます。上手な「甘えさせ」にめぐまれて育つ子は「甘え上手」な「生き方上手」になれるし、それがつまりは「自立」への歩みなんですけどね。

好きでやり続けていることは、一流になんかならなくたっていいんです。好きなんだもの。やるなら、しっかりやれ、一流になれ。そんなこといわれたら、楽しく面白くやれること何一つなくなっちまいますよ。

遊びをせんとや生まれけむ。能動的なヒマつぶしと、受動的なヒマつぶし。遊びとは、能動的なヒマつぶしの中でも、心、または身体、または心身、を駆使するヒマつぶしのことだと思います。ちゃんと遊べる人の人生は豊かです。ちゃんと遊べている子どもは、今も未来も豊かですね。

どんなにおいしい料理でも、お腹がいっぱいだったら食べる気になりませんね。それと同じ。アレコレアレコレこれでもかと詰めこまれた知的胃袋は、知的食欲を喪失します。強制されて食べざるをえないなら、消化せぬまま下痢します。子どもらから知的空腹感を奪わないようにご注意を、です。

親であること、親として成長すること、いずれにしたって並大抵のことではありません。大変なことなんです。苦吟し、落胆し、なげやりにもなりかけたりしながら、転んだり立ち上がったり、なんとかかんとかやりくりつけて、やっとやっと歩み続けているのが「親」ですね。

家庭は、子どもにとって港。母親は、文字通りの母港です。その母港・港でくつろぎ甘えられる子は、海に出ます。少々の荒海でもへこたれません。だって、帰れば癒される母港があるから。でも母港でくつろげない子は、海に出れば座礁。外海が怖くなった子は港にしがみつきます。たとえば不登校。

親が「この世」に対して好意的であればあるほど、子は人生を生きやすくなります。逆であれば逆の結果です。「この世」とは、もちろん国家や行政のことではありません。宇宙や地球や気候や生命系の営み全体のことです。「この世は地獄だ。人生はつらいばかりだ」と思う親の子は地獄ばかりをみつけます。

山崎雅保（やまざき・まさやす）

1949年東京都生まれ。心理カウンセラー、心理健康ジャーナリスト。

カウンセラーとして研鑽を積んだのち、2002年1月、神奈川県川崎市に心理カウンセリングルーム「ハートピット」を設立。親子問題や夫婦問題に悩む人々のカウンセリングに精力的に取り組んでいる。テレビではその容貌から「アインシュタイン先生」のニックネームで親しまれ、雑誌掲載や講演会などでも活躍している。

著書に『「未熟な夫」に、もうガマンしない！』（二見書房）『間違った子育ての常識で苦労していませんか？』（カンゼン）『「マイナスの自己暗示」から、あなたの心を救い出す本』（柏書房）などがある。

http://www.cha-ya.com/hart/

本書は、2006年12月にリヨン社より発刊された単行本をもとに、加筆・修正したものです。

二見レインボー文庫

子《こ》どもって、どこまで甘《あま》えさせればいいの?

著者　山崎雅保《やまざきまさやす》

発行所　株式会社 二見書房
東京都千代田区三崎町2-18-11
電話 03(3515)2311［営業］
03(3515)2313［編集］
振替 00170-4-2639

印刷　株式会社 堀内印刷所
製本　株式会社 村上製本所

落丁・乱丁本はお取り替えいたします。
定価は、カバーに表示してあります。

ISBN978-4-576-15076-5
http://www.futami.co.jp/

JASRAC 出 1504217-501